DOCUMENTS
PUBLIÉS PAR LA
SOCIÉTÉ HISTORIQUE ET ARCHÉOLOGIQUE
DE CORBEIL, D'ÉTAMPES ET DU HUREPOIX
I.

L'ÉGLISE
DE
SAINT-GERMAIN-LEZ-CORBEIL

PAR L. VOLLANT
MEMBRE DE LA SOCIÉTÉ

PARIS
ALPHONSE PICARD ET FILS, ÉDITEURS
Libraires des Archives nationales et de la Société de l'École des Chartes

MDCCCXCVII

L'ÉGLISE

DE

SAINT-GERMAIN-LEZ-CORBEIL

6455-97. — CORBEIL. Imprimerie Éd. CRÉTÉ.

DOCUMENTS
PUBLIÉS PAR LA
SOCIÉTÉ HISTORIQUE ET ARCHÉOLOGIQUE
DE CORBEIL, D'ÉTAMPES ET DU HUREPOIX
I.

L'ÉGLISE

DE

SAINT-GERMAIN-LEZ-CORBEIL

PAR L. VOLLANT
MEMBRE DE LA SOCIÉTÉ

PARIS
ALPHONSE PICARD ET FILS, ÉDITEURS
Libraires des Archives nationales et de la Société de l'École des Chartes

MDCCCXCVII

L'Église de St Germain-le-Vieux-Corbeil

(Extrait d'une gravure de Flamen, 1659.)

L'ÉGLISE

DE

SAINT-GERMAIN-LEZ-CORBEIL

Saint-Germain-le-Vieux-Corbeil (1) était, jusqu'à la fin du dernier siècle, le chef-lieu d'un important doyenné du diocèse de Paris ; il ne comprenait pas moins de soixante et une paroisses.

Construite sur la hauteur, aux confins de la Brie, à l'endroit où le terrain s'abaisse brusquement vers la Seine, son église se présente d'une façon très heureuse quand on s'y rend de Corbeil, par la nouvelle route. Son riche portail, qu'on aperçoit tout d'abord, indique nettement que l'on a devant soi un monument de la fin

(1) Une charte du roi Robert de 1029 désigne ainsi le lieu actuel de Saint-Germain-lez-Corbeil : « *In veteri Corboïlo de terra Sancti Germani quæ dicitur Pradels, mansum unum et dimidium.* » L'abbé Lebeuf ajoute : « *J'écris ceci conformément à l'original de cette charte que j'ai vu.... Il faut observer.... que c'est-là le premier titre où l'expression de Vieux Corbeil soit employée. Odon, Moine des Fossés, qui écrivoit en 1058 la vie du Comte Burchard, s'en sert pareillement.... par opposition au nouveau Corbeil qu'il appelle Junius Corboïlum.* » *Histoire du diocèse de Paris*, par M. l'abbé Lebeuf, Paris, 1757, t. XIII, p. 132.

L'épithète de Vieux Corbeil est restée dans l'usage officiel jusqu'en 1822.

du XIIe siècle ; les chevrons, les feuilles régulièrement imbriquées, qui ornent les archivoltes de ses voussures, rappellent le style monacal ; mais le trèfle du tympan, l'ogive bien accusée des arcs, font déjà pressentir l'influence de l'esprit laïque. Un porche avec gâble précédait autrefois l'entrée de l'église ; démoli depuis longtemps, il n'en reste plus aujourd'hui que deux colonnettes d'angle, qui devaient recevoir les retombées des nervures de la voûte. Un mémoire adressé en 1766, par un architecte parisien, à M. de Bretigneres, seigneur de Saint-Germain, et relatif aux réparations à faire à l'église de sa paroisse, parle de l'état de vétusté de ce porche ; il conclut à sa démolition (1).

A l'intérieur, les piliers qui séparent la nef des bas-côtés divisent l'église en cinq travées ; les deux du haut forment le sanctuaire et le chœur. Des colonnes, assises sur de larges bases ornées de griffes, cantonnent les piliers ; leurs chapiteaux, à tailloir très accentué, offrent une grande variété d'ornementation. L'élément roman y figure encore à côté de la flore locale ; beaucoup portent déjà des crochets largement détachés. De légères colonnettes, blotties dans les angles rentrants, s'élèvent jusqu'aux voussures ; elles reçoivent la retombée des arcs diagonaux et de quelques parties d'arcatures. Les arêtes des voûtes sont formées d'un double tore ; deux boudins, séparés par une nervure saillante, décorent également les grands arcs doubleaux.

Les arcatures aveugles qui forment le triforium rappellent par leur ordonnance la tradition romane ; les élégantes fenêtres à meneaux et trèfles qui s'ouvrent sur le fond des collatéraux n'en conservent au contraire aucune trace.

La structure générale de l'édifice est caractéristique ; les murs, construits en blocage, ne supportent que les égouts de la toiture ; la poussée des voûtes se transmet uniquement sur les piliers, par l'intermédiaire des arcs d'ogive et des arcs doubleaux. Aussi ces parties sont-elles spécialement soignées, construites en pierres de taille bien appareillées.

Un examen, même rapide, de l'église de Saint-Germain ne laisse aucun doute sur l'époque de sa construction. Tous les archéologues attribuent ce monument à la période dite de transition.

A la fin du XIIe siècle, une tendance se manifeste ; on veut, dans

(1) Archives du château de Saint-Germain-lez-Corbeil.

les églises qui s'élèvent, donner un plus large accès à la lumière ; et d'ailleurs la substitution du vitrail à la pierre ajourée (*claustra*) permet d'élargir les proportions des fenêtres, souvent si réduites dans les siècles précédents. Il devient nécessaire de surhausser les voûtes pour agrandir les baies qui s'ouvrent au-dessus des bas-côtés. On peut voir dans cette nécessité, et aussi dans l'obligation de donner plus d'ampleur aux monuments religieux, une des causes qui ont donné naissance à l'arc brisé. En possession de cet élément, l'architecte laïque entrera dans une voie nouvelle et féconde, mais il n'avancera d'abord qu'avec précaution : il connaît les mécomptes du moine de Cluny, son maître. Le défaut de stabilité provoque, en effet, la ruine prématurée d'un grand nombre d'édifices construits pendant la période romane. Il faudra près d'un demi-siècle de tâtonnements et d'études pour arriver à édifier ces immenses vaisseaux fermés de hautes voûtes aiguës, si merveilleusement maintenues en équilibre par une série d'arcs-boutants appuyés sur de robustes contreforts, chargés de pinacles. N'osant franchir certaines limites de hauteur, l'architecte de l'église de Saint-Germain se sera décidé à pousser l'archivolte des fenêtres, jusques et au delà de l'intrados des formerets. Pareille anomalie se retrouve à Saint-Spire de Corbeil. Certains archéologues attribuent cette disposition à des remaniements postérieurs à la construction ; c'est la pensée qui se présente tout d'abord à l'esprit, mais l'examen attentif du blocage qui entoure l'appareil des baies nous fait plutôt croire à un parti pris des premiers constructeurs.

Nous ne possédons aucun document sur les origines de l'église de Saint-Germain qui puisse assigner une date précise à sa fondation ; nous devons donc nous en rapporter exclusivement à se caractères architectoniques.

D'après l'abbé Guiot (1), saint Germain, évêque de Paris, aurait dédié, au VIe siècle, à saint Vincent martyr, l'église de cette paroisse, dont il est devenu lui-même l'un des patrons, après sa canonisation ; nous trouvons dans les *Acta Sanctorum* l'histoire des miracles qui lui sont attribués, ainsi que la description du trans-

(1) *Almanach de la ville Chatellenie et Prévôté de Corbeil*, année 1789, p. 24. Son auteur anonyme, l'abbé Joseph-André Guiot, né à Rouen en 1739, a été curé de Saint-Guenault, de Corbeil, du 2 mai 1785 jusqu'à la suppression du culte dans cette église, le 30 décembre 1790. Il est mort curé de Bourg-la-Reine, le 21 septembre 1807.

fert de ses restes à l'abbaye de Saint-Germain-des-Prés; l'auteur que nous traduisons termine ainsi son récit : « Enfin il y avait dans cette même église, où le saint prêtre avait dormi de son vivant, une botte de foin aussi vert que s'il avait été coupé récemment : car personne jusque-là n'avait osé emporter ce foin. »

Cette légende s'est conservée jusqu'à nos jours dans la paroisse de Saint-Germain (1).

L'église actuelle occupe-t-elle l'emplacement de celle qui fut consacrée par le saint évêque de Paris? Nous l'ignorons. Aucun document ne nous est parvenu à cet égard. Plus de deux cents ans s'étaient écoulés depuis la mort de saint Germain, lorsque l'auteur anonyme de l'histoire de la translation de ses restes écrivait simplement ceci : *nam et eamdem villam quondam Beati fuisse Germani adhuc rarus qui nesciat* (2). Le même auteur, en parlant du village de Saint-Germain, le qualifie ainsi : *Corboïlus vicus* (3).

Le faubourg Saint-Jacques de Corbeil, qui se développa plus tard sur la rive droite de la Seine, dépendait de la paroisse de Saint-Germain, ou plutôt du Vieux Corbeil, car c'est sous ce nom qu'elle a été connue jusqu'à la fin du dernier siècle. Le faubourg Saint-Jacques avait cependant son église (4) et son presbytère où résidait le plus souvent le curé de Saint-Germain, ce qui amena à plusieurs reprises des contestations entre lui et ses paroissiens. Depuis une centaine d'années, le faubourg Saint-Jacques est rattaché à l'église Saint-Spire de Corbeil.

Jusqu'au milieu du XVIIe siècle, le chemin (5), qui montait du faubourg Saint-Jacques au village de Saint-Germain, arrivait directement en face du portail de l'église (Pl. I).

(1) *Acta Sanctorum*, 28 mai; *Historia translationis* [*sancti Germani*], *auctore monacho Sancti Germani de Pratis*, ch. III, 25.

(2) *Ibid.*

(3) *Histoire du diocèse de Paris*, par l'abbé Lebeuf, t. XIII, p. 125.

(4) L'église Saint-Jacques, qui datait du XIIIe siècle, était formée de deux nefs qui se terminaient carrément. Elle avait appartenu aux Templiers par la donation que leur en fit Marguerite de la Grange, en 1267; après eux, elle devint la propriété des chevaliers de Malte qui la cédèrent aux habitants de ce faubourg, vers 1510. Elle fut démolie en 1803. — *Mémoire sur la C^{ne} de Saint-Germain-le-Vieux-Corbeil*, par M. Pinard, Wassy, 1848.

(5) Nous donnons ci-contre le fac-simile réduit d'un plan ms. de 1645, qui fait partie des archives du château de Saint-Germain, et sur lequel le tracé de ce chemin est indiqué. Ce plan avait été dressé pour accompagner une pétition des habitants qui demandaient le déplacement du vieux chemin. Le plan qui lui fait face représente l'état actuel (Pl. II).

Pl. I

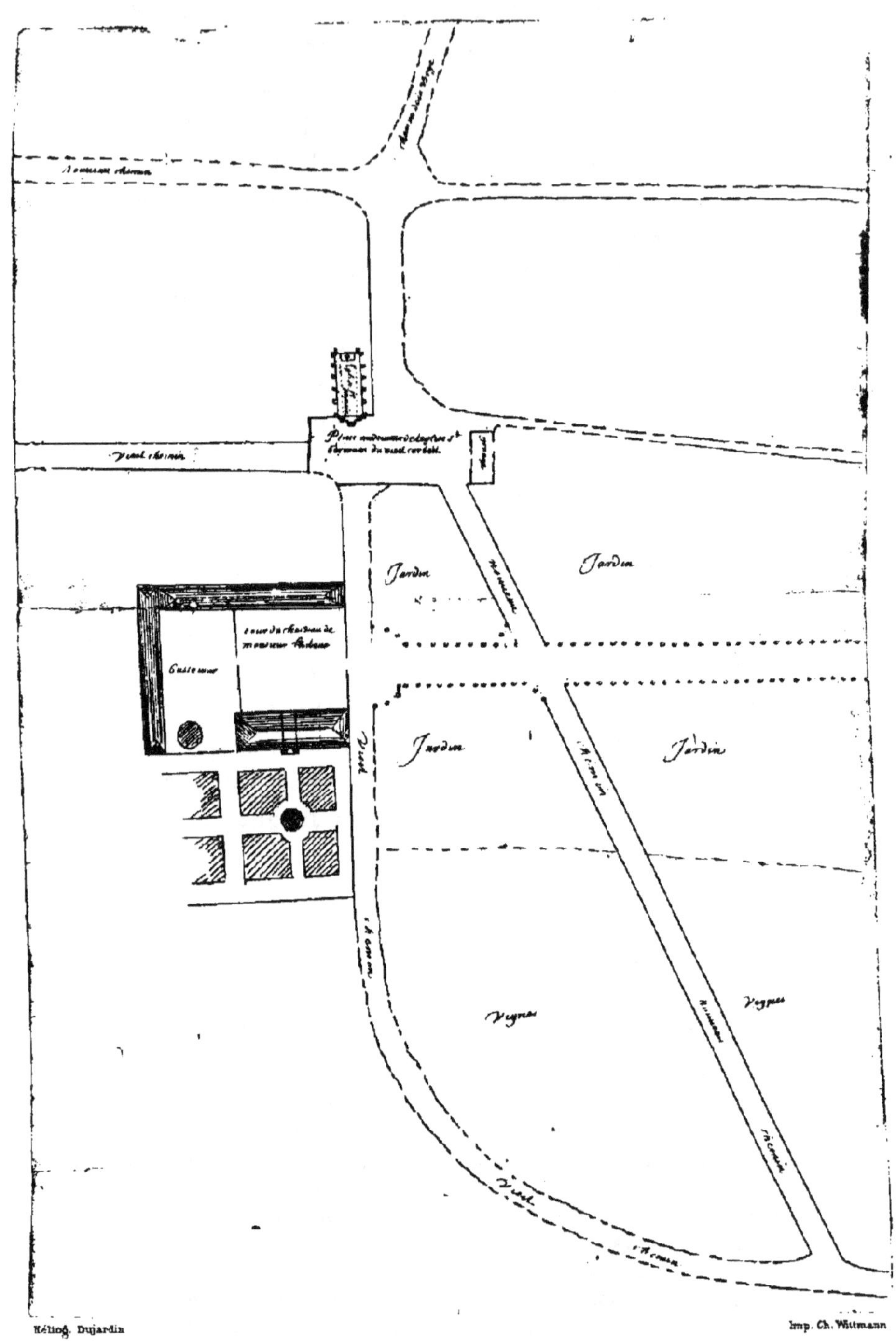

Hélioġ. Dujardin

Imp. Ch. Wittmann

Réduction du plan manuscrit de 1645

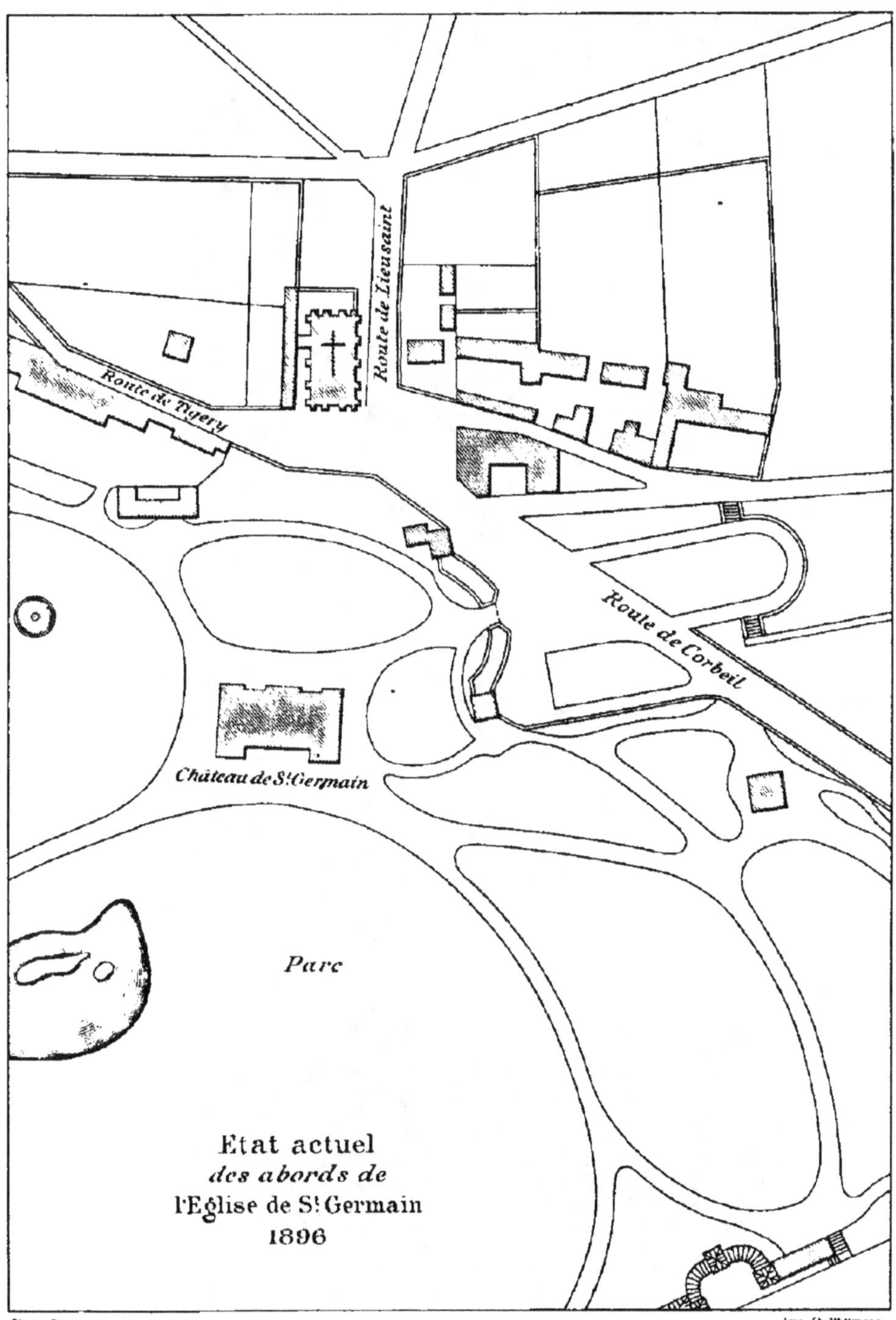

Stern grav. Imp Ch Wittmann

Héliog. Dujardin. Imp. Ch. Wittmann

Veüe de S.t Germain le vieil Corbeil et maison de M.r de Bouville

Un clocher surmonté d'une haute flèche, recouverte d'ardoises, se voyait autrefois au nord de l'église de Saint-Germain (Pl. III) (1). Le mémoire de 1766, que nous avons cité plus haut, nous donne d'intéressants détails sur cette construction qui s'élevait au-dessus du collatéral. Sa face sud, établie en encorbellement sur un formeret, se trouvait en partie soutenue par la voûte du chœur ; cette disposition donne lieu, dans le mémoire, à une discussion assez subtile sur la répartition des dépenses à faire au clocher entre les gros décimateurs, les habitants et les propriétaires de fonds. Faut-il voir, dans ce vice de construction, l'origine de l'affaissement d'un des grands arcs du chœur? Nous ne le croyons pas. L'auteur du mémoire, qui nous fait de l'état des différentes parties de l'église une description minutieuse, n'aurait pas manqué d'en parler s'il eût existé de son temps.

Le clocher, qui déjà menaçait ruine en 1766, s'écroula le 15 octobre 1793, écrasant en partie la toiture et les voûtes du collatéral nord (2). En exécution d'un avis émis par le conseil général de la commune, le 11 septembre 1793, ce clocher avait été dépossédé de trois de ses cloches; une seule, la plus importante (3), n'avait

(1) Dans la gravure de Flamen, le clocher est figuré à la droite de l'église, tandis qu'en réalité il était à gauche. Nous avons ici corrigé cette erreur en renversant simplement la gravure.

(2) C'est à tort que Pinard, et d'autres après lui, ont donné la date de 1796. Voici en effet le texte d'une délibération conservée dans les Archives municipales de Saint-Germain : « Aujourd'huy quatrieme jour de la premiere décade du deuxieme mois de la seconde année de la Republique françoise.... assemblée général des hábitans de Saint-Germain-le-Vieux-Corbeil, ... convocquées extraordinairement au son du thámbourg faute de la clôche qui cest trouvée cassée par la chûtte du clochée.... arrivée le vingt quatrième jour du premiée mois de la ditte seconde année (15 octobre 1793) aux fins de déliberée... sur le ráports... rélatif a la chûtte du dit clochet et au repárátions à faire à la ditte Eglisse... [qui] s'eleve à douze où quinze mil livres... le Diréctoire.. vûe le dangé que les dits hábitans courroient dans leur Eglisse [émet l'avis] de faire loffice du culte dans l'Eglisse de Saint-Jacques leur surculçale... »

« L'assemblée... à arétée ûnanimement que vúe lurgeance... davoir au moins une mêsse basse dans son Eglisse... il est tres hurgent nom pas daitaizée toustes les voûte ny de faire la vissite des fondation qui reste dans l'Eglisse... mais quil sagit seullement de rétablire le mûre du bas cottée de l'Eglisse que le clochet a entrainée par ça chûtte dans une longueur de six toize au plus sur quatre toize de haûx et de rétablire la couverture de cette partie en thuille comme celle qui est restée.. et en atendent... l'assemblée arrête que [vu] l'état de soliditée oû est la châpelle Saint-Pierre dans cette Eglisse quil y serat dit une messe basse au moint toust les dimanches... et en conséquence que une extrait de la présente déliberation cérats notifiée au citoyen Jozon curée de cette commune, absent pour le présent... » Archives municipales de Saint-Germain le-Vieux-Corbeil, du 4 brumaire an II (25 octobre 1793).

(3) Cette cloche pesait 1715 livres. Archives municipales, 25 floréal, an II.

pas été déplacée, circonstance qui aurait, dit-on, déterminé la chute de l'édifice (1). Nous voyons cette opinion formulée en 1807 dans le procès-verbal d'une délibération du conseil municipal de Saint-Germain (2); elle semble justifiée par les termes du mémoire de 1766 qui s'étend longuement sur le mauvais état du clocher. A la suite de cette dernière délibération, les substructions de la tour furent enlevées; sa face orientale, érigée contre l'un des grands piliers qui sont à l'entrée du Sanctuaire, lui servait de contrefort; il n'est pas téméraire d'attribuer à la suppression de cet appui la déformation du pilier qu'il soutenait et le léger affaissement de l'arc doubleau qui s'élève au-dessus de la Sainte Table. Ces mouvements, peu importants du reste, ne paraissent pas s'être accentués.

Un plancher en bois a remplacé pendant longtemps les voûtes du bas-côté nord; vers 1835 (3), un modeste clocher (Pl. IV) fut établi provisoirement sur le pignon de la façade, pour abriter l'unique cloche de la paroisse. Cette cloche provient de l'église voisine de Saint-Pierre-du-Perray (4) ; elle porte l'inscription suivante en caractères gothiques :

* lan : m : v : z : xii : fut : fait : ceste : cloche : pour :
leglise : de : S : Pierre : de : Peray :
Jhs : maria : (5)

L'abbé Guiot nous apprend (6) que l'église de Saint-Germain a subi, vers 1750, des remaniements intérieurs assez importants. Plus tard, en 1793, la chute du clocher a donné lieu à quelques reprises de maçonnerie, mais ce n'est qu'à partir de 1862 que cet édifice a été l'objet de travaux dont l'importance a toujours été croissante jusqu'en 1896.

En 1862, M. Darblay jeune, député de Seine-et-Oise, avait fait entreprendre à ses frais la reprise et la décoration de la façade principale.

(1) L'écroulement ne peut être attribué à une bourrasque ; le registre de l'Observatoire de Paris indique, en effet, que l'atmosphère était calme le 14 octobre, jusque dans la nuit, et parle simplement d'un vent ordinaire le lendemain.

(2) Archives municipales de Saint-Germain-le-Vieux-Corbeil, du 8 mai 1807.

(3) Ibid., 26 octobre 1834.

(4) Ibid., 22 septembre 1816.

(5) *Inscriptions de la France, du Ve au XVIIIe siècle*, par M. F. de Guilhermy. Paris, 1879.

(6) Bibliothèque de Rouen, fonds Montbret, ms. 115.

Heliog. Dujardin — Imp. Ch. Wittmann

VUE DE L'ÉGLISE DE S^T GERMAIN LEZ-CORBEIL

(4 Juillet 1841)

La partie qui surmonte le portail fut presque entièrement reconstruite, ornée de statues modelées par Elias Robert (1) et couronnée par le campanile actuel. A ces travaux, il faut ajouter la reconstruction des voûtes du collatéral nord, la réfection des bases des

colonnes et d'un certain nombre de chapiteaux, le renouvellement des vitraux de la façade. Plus tard, en 1872, M. Darblay jeune faisait construire le grand tambour d'entrée, au-dessus duquel s'élèvent les orgues, qui sont également dues à sa générosité.

En 1882, quelques travaux de restauration relatifs à la couverture et au ravalement extérieur du chevet furent entrepris sous les auspices de M. Charles Beranger, maire de la commune (2).

Désireux de compléter l'œuvre de leur père et grand-père, MM. Paul et Aymé Darblay firent venir auprès d'eux, en 1891,

(1) Robert (Louis-Valentin dit Elias), né à Étampes, le 15 septembre 1819, décédé à Passy le 29 avril 1874. Élève de David d'Angers et de Pradier, auteur de nombreux bustes et statues, ses œuvres les plus connues sont : l'*Enfant Dieu*, la *France couronnant l'Art et l'Industrie*, qui surmonte le Palais des Champs-Élysées, la statue en marbre d'*Etienne Geoffroy Saint-Hilaire*, à Étampes, la *Justice*, statue en bronze pour la fontaine Saint-Michel, la *Loi*, statue en pierre pour le tribunal de commerce, le *Fronton* de l'École des Mines, en pierre également deux *Cariatides* pour l'Opéra, etc., etc.

(2) M. Charles Beranger est le petit-fils de M. Darblay jeune. Cf. à ce sujet le *Bulletin de la Société historique et archéologique de Corbeil, d'Étampes et du Hurepoix*, année 1895, pp. 20 à 26.

M. l'abbé Brisacier, curé de Fontenay-Lignières, architecte et archéologue distingué, dont ils avaient eu l'occasion d'apprécier le savoir et le talent. Sur ses conseils, MM. Darblay faisaient commencer, en 1895, des travaux qui devaient avoir pour effet de mettre en relief les beautés architecturales de l'église de Saint-Germain, entreprise importante, pour qui se rappelle l'état dans lequel se trouvait, à cette époque, l'intérieur de ce charmant édifice, dont tous les détails de sculptures étaient noyés sous la couche épaisse d'une succession de badigeons. Une partie du chevet disparaissait derrière de grandes boiseries (1). Celles du sanctuaire ne laissaient plus voir qu'en partie de superbes vitraux du XIIIe siècle, véritable richesse, dont plus d'une cathédrale serait fière. Habilement restaurés, ils font aujourd'hui l'admiration des savants et des artistes.

Le mobilier en sapin recouvert de peinture était complètement vermoulu ; ici, tout était à refaire, rien à regretter. Les vases sacrés que possédait autrefois l'église ont été enlevés, pour être portés à la Monnaie, le 14 brumaire an II ; les fleurs de lis qui les ornaient ont été sans doute la cause de leur destruction (2); parmi ces objets, figurait un étui en argent renfermant un bras de sainte Catherine.

Depuis sa fondation jusqu'à la fin du siècle dernier, l'intérieur de l'église de Saint-Germain semble avoir toujours été décoré de peintures. La plus ancienne, faite à la fresque en deux tons d'ocre rouge, consistait en nielles très simples. Nous en avons trouvé des traces dans toutes les parties de la nef, au-dessous du bandeau du triforium. Plus tard, à une époque difficile à préciser, l'église fut entièrement recouverte d'une décoration polychrome qui, d'après l'abbé Guiot, existait encore en 1760 (3). Un certain nombre de colonnes, de nervures, en conservaient encore des traces

(1) Nous lisons dans le *Mémoire sur la commune de Saint Germain-le-Vieux-Corbeil*, par Pinard, pp. 7 et 8 : « *Les boiseries du retable du maître-autel proviennent de la chapelle du domaine appelé le grand Tremblay, à Corbeil; le tableau principal qui s'y voit représente saint Germain distribuant des aumônes ; il est l'œuvre et l'hommage de Mme Pinson, qui habite depuis longtemps la commune de Saint-Germain.* » Ce tableau est placé maintenant sur un panneau du tambour, à droite de l'entrée.

(2) Leur poids total était de 21 marcs 6 onces 3 gros (5^kil,580^gr). Archives municipales de Saint-Germain-le-Vieux-Corbeil, 13 brumaire an II.

(3) « *En 1760, l'église étoit toute peinte jusqu'à la voute qui étoit or et azur. Les douze apôtres étoient autour, aux bas côtés. Il y avoit une grille au chœur et un beau Christ que le tonnerre renversa vers 1750. A cette époque on détruisit deux autels qui étoient à côté, alors furent aussi enlevées beaucoup de figures en pierre et de peintures sur bois.* » Bibliothèque de Rouen, fonds Montbret, ms. 115.

sous le badigeon de chaux qui les recouvrait; il en était de même pour les clefs de voûte peintes à l'huile et dorées dans les fonds. La peinture du sanctuaire paraît avoir été plus souvent modifiée que celle du reste de l'église. L'enlèvement des boiseries a permis de constater, qu'au-dessus de l'autel jusqu'à la naissance des glacis, une succession d'enduits peints étaient venus à diverses époques changer l'aspect de l'abside. La dernière de ces peintures datait du règne de Louis XIII. Elle était faite à l'huile, ce qui a permis d'en détacher les fragments encore intacts et de les maroufler sur des panneaux de plâtre (1).

Les boiseries masquaient également une importante crédence, composée de deux arcatures géminées, séparées par une élégante colonnette.

Les piliers, les nervures, et en général toutes les parties construites en pierre de taille, ont été grattés au vif, leurs joints réparés au plâtre. Une nouvelle couche de plâtre, parfaitement dressée, est venue remplacer celle qui recouvrait le blocage des murs. Les joints, creusés dans la masse et remplis de mortier de chaux, donnent au monument l'aspect d'une construction en pierre de taille; effet en partie réel, du reste, puisque dans toute l'ossature, l'ancien appareillage a été scrupuleusement respecté. Enfin un très léger lait de chaux, diversement teinté, rompt l'uniformité de ce travail, dont l'ensemble a donné pleine satisfaction.

Les chapiteaux, en grand nombre, tous d'un modèle différent, débarrassés de l'épaisse couche de badigeon qui les empâtait, ont été trouvés en assez bon état; quelques-uns seulement ont dû être réparés. Dans le collatéral nord, la plupart des chapiteaux sont en plâtre, ils datent de la restauration faite en 1862 par M. Darblay jeune. Les anciens avaient été détruits par la chute du clocher. Les bases des colonnes ont nécessité des reprises plus importantes; ici, l'emploi du ciment de Fresne a donné d'excellents résultats.

Exécutés par des ouvriers spéciaux, les travaux de ravalement intérieur ont été enlevés assez rapidement, malgré l'obligation de déplacer les échafaudages importants nécessités par la hauteur de l'édifice, dont les clefs de voûte sont à dix-sept mètres au-dessus du dallage.

(1) Au sujet de ces peintures, voir le *Bulletin de 1895 de la Société historique et archéologique de Corbeil, d'Étampes et du Hurepoix*, pp. 24-25. Ces fragments de peinture ont été depuis déposés au musée de la Société historique et archéologique de Corbeil, d'Étampes et du Hurepoix, dans l'ancienne église des Chevaliers-de-Saint-Jean.

Le sol de l'église de Saint-Germain offre l'exemple d'une particularité qui se rencontre quelquefois, quoique très rarement, dans les monuments de ce genre. Il est disposé en pente, de l'abside au portail. Si la disposition en gradins des différentes parties d'une église, avec l'autel surélevé de quelques marches, semble symboliser les grandes divisions de la hiérarchie chrétienne; pas plus les considérations de cet ordre que celles tirées des nécessités matérielles, n'expliquent l'anomalie que nous trouvons ici. Quoique ne pouvant expliquer son origine, peut-être même à cause de cela, l'architecte a cru devoir conserver cette disposition.

Une montée de trois marches séparait, comme aujourd'hui, les deux travées hautes du reste de l'église. Le sol des trois premières travées était recouvert d'un carrelage en terre cuite commune, sous lequel ont été trouvés quelques fragments de carreaux de terre vernissée, jaune verdâtre, dont l'emploi fut fréquent à partir du XIIIe siècle. Dans le chœur, le sanctuaire et la partie haute du collatéral sud, le dallage était formé d'anciennes pierres tombales; quelques-unes étaient entières; celles dont la gravure était encore visible ont été restaurées, plusieurs, favorisées par leur position, se trouvaient dans un excellent état de conservation. La gravure de ces tombes, rafraîchie au ciseau, a été réchampie en brun rouge. Quelques pierres, portant des inscriptions, se voyaient aussi le long des murs ou sur les piliers; leurs lettres, également restaurées, ont été rehaussées de noir; le rouge vif a été réservé aux restitutions de mots grattés sous la période révolutionnaire.

Toutes ces tombes et inscriptions, soigneusement classées dans leur ordre chronologique, sont actuellement scellées le long des murs des collatéraux. Cette succession de monuments, qui tous se rattachent étroitement à l'histoire de la paroisse de Saint-Germain, forme aujourd'hui un élément de décoration du plus haut intérêt.

Plusieurs archéologues, principalement l'abbé Lebeuf (1) et Guilhermy (2), ont étudié et décrit les pierres tombales de l'église de Saint-Germain; l'état d'usure de ces tombes et plus encore leur position, quelques-unes étant engagées dans la maçonnerie, en rendaient l'examen particulièrement difficile; de là plusieurs omissions ou inexactitudes relevées dans leurs ouvrages.

(1) *Histoire du diocèse de Paris*, par l'abbé Lebeuf, t. XIII, pp. 129-130.
(2) *Inscriptions de la France du* V^e *au* XVIIIe *siècle*, par Guilhermy, t. IV, pp. 226-248.

TOMBE DE PIERRE LETEINTURIER

Placé dans de meilleures conditions, il nous a été permis de faire de ces monuments une étude plus complète. Nous avons trouvé un auxiliaire précieux dans l'abbé Guiot, qui avait eu l'heureuse pensée de copier ces textes avant la Révolution et de les consigner dans un de ses manuscrits (1).

Derrière les fonts baptismaux sont placées les pierres tombales dont la date est la plus reculée. La première, celle que Guilhermy considère comme la plus ancienne, possède, en effet, tous les caractères du XIIIe siècle. Elle est sans effigie ni ornementation et ne présente qu'une épitaphe en bordure. Voici ce qu'on y lit en lettres gothiques :

[I]ci : gis[t] :
. . . .[ilar] : de : [Corb]ueil : et : m
a : dame : M
arguerite : [sa : fa]me : [priez : (2) pour : leurs +
a]mes : ame[n] :

Haut. 2m,025, larg. au sommet 0m,76, larg. à la base 0m,56.

Le nom du mari a disparu en partie avec un morceau de la pierre.

A côté, est la tombe de Pierre Le Teinturier, assez bien conservée, celle-là, grâce à sa gravure large et profonde (Pl. V). Le défunt est représenté les mains jointes, un chien sous les pieds; un surcot à capuchon doublé de fourrure recouvre sa cotte. Deux colonnettes ornées de chapiteaux à crochets, réunis par un arc trilobé avec fleuron et crossettes, forment l'encadrement. Deux anges nimbés, disposés dans le haut, encensent la tête du défunt. Dans la bordure qui entoure cette tombe se lit l'inscription suivante :

Ici · gist · s
en · Pierre · le · Teinturier · le · viel · qui · trespassa
· lan · de · grace · m · cc ·
· · et xvi · lasemainne · devant · la · S · Laurenz · priez · pour · la
me · de · lui ·

Haut. 2m,41, larg. au sommet 1m,17, larg. à la base 1m,09

(1) Bibliothèque de Rouen, fonds Montbret, ms. n° 115.

(2) Les lettres placées ici entre crochets ont été simplement figurées sur la pierre ou le ciment par un double trait, parce qu'elles ne sont que le résultat d'une hypothèse, il est vrai, très probable. Corbueil même était difficile à déchiffrer.

La date de 1287, rapportée par l'abbé Lebeuf, n'est pas exacte. On ne peut lire que M.CC... et XVI. Elle n'a pas été regravée à cause de l'incertitude où l'on se trouvait. Les mots *qui trespassa lan de grace M.CC.... et XVI lasemainn* étaient recouverts de maçonnerie, à l'époque du travail de Guilhermy.

Entre cette dalle et la suivante, a été scellée une petite plaque de pierre qui figure, d'après la description qu'en a donnée Guilhermy, la tombe de Marie Le Teinturier, femme de Pierre. Nous n'avons pu la retrouver; la tombe disparue mesurait deux mètres de longueur et un mètre de largeur. Voici le texte de l'épitaphe qu'elle portait :

* Ici : gist : Marie : fame : Pi
erre : Leteinturier : priez : por : same : m : cc : lxxiii :

Viennent ensuite les tombes de trois prêtres; les personnages, de grandeur naturelle, sont revêtus de leurs ornements sacerdotaux, aube, chasuble, étole et manipule; au-dessus de l'encadrement, deux anges thuriféraires occupent les angles supérieurs de la pierre.

Sur la première (Pl. VI), des colonnettes à chapiteau feuillagé, une archivolte trilobée avec fleuron encadrent le défunt, mort en 1287. La partie essentielle de l'inscription a disparu; on n'y lit plus que les mots suivants :

....

....

.... : festum : Beati : Georgii
: anno : Domini : m° : cc° : octnag° : vii° : anima : eius : reqescat :

Haut. 2^m,47, larg. au sommet 1^m,18, larg. à la base 0^m,98.

Sur la seconde (Pl. VII), l'inscription est plus importante; le défunt porte aussi un calice, les ornements du cadre sont à peu près semblables, mais on y voit en plus un gâble à crochets; les pieds du personnage reposent sur un dragon. L'inscription est incomplète; elle nous apprend cependant que le défunt était chanoine de Saint-Quentin et qu'il portait le prénom de Jean ; quant

Héliog. Dujardin — Imp. Ch. Wittmann

TOMBE D'UN PRÊTRE DÉCÉDÉ EN 1287

Héliog. Dujardin — Imp. Ch. Wittmann

TOMBE D'UN CURÉ DU VIEUX-CORBEIL

décédé en 1309

Héliog Dujardin

Imp. Ch. Wittmann

TOMBE D'UN CURÉ DU VIEUX-CORBEIL

décédé en 1340

au nom patronymique, il a disparu : il n'en reste plus que la syllabe *rio* ; voici cette épitaphe :

✱ ⁝ Hic · iacet · magister · Johan........
rio · condam · canonicus · sancti · Quintini · de · (*sic*)
Viromandia[1] · ac · curatus · istius · eccles
ie · anno · Domini · m · ccc · nono · die · iovis · in ·
vigilia · assumpcionis · beate · Marie · Virginis · cuius ·
anima · requiescat · in · pace · amen ⁝

Haut. 2m,84, larg. au sommet 1m,44, larg. à la base 1m,37.

La troisième tombe (Pl. VIII) est de beaucoup la plus belle. Ici, le curé est coiffé de l'aumusse, insigne du canonicat; les mains jointes sont en marbre blanc ainsi que la tête et le cou. L'encadrement, d'une grande richesse, comporte deux piliers, divisés chacun en plusieurs étages, ornés de niches, gâbles à crochets, baies ajourées, pinacles et fléchettes. Le long des piliers, deux petites colonnes, que couronnent des chapiteaux à feuillage, soutiennent un arc brisé trilobé. Un tympan très ajouré, orné d'une jolie rosace, relie l'archivolte à un gâble fleuronné, garni de crochets. Une arcature svelte et élégante, qui réunit les piliers et s'engage derrière le tympan, supporte les anges thuriféraires. Les petits personnages représentés dans les niches, paraissent rappeler les différentes périodes de la vie du défunt; voici le texte de l'épitaphe :

Hic · iacet · magis
ter · Johannes · .... · curatus · istius · ecclesie · de · Veteri · Corbolio · z · decanus ·
christianitatis · qui · obiit ·
anno · Domini · m · ccc · quadragesimo · die · .... · Domini · orate ·
pro · eo ·

Haut. 2m,53, larg. 1m,22.

Plus loin est une inscription qui relate les fondations faites par Germain Hébert, dit Oudart, pour lui-même et plusieurs membres de sa famille. Le texte est curieux par ses détails sur la cérémonie du jeudi saint et sur la distribution des petits gâteaux qui doit suivre l'obit annuel de la veuve Hébert. Le mauvais état de conservation de la partie inférieure de cette pierre ne permit pas à

(1) Saint-Quentin en Vermandois.

Guilhermy de déchiffrer les dernières lignes qu'avait en partie lues l'abbé Guiot. Le manuscrit déjà cité nous a facilité la lecture d'une vingtaine de mots, mais la ligne est restée incomplète, et on en voit encore une autre plus bas. Au-dessus du texte, est gravée une

série de figures : le Christ nu, assis sur un tombeau et tenant un roseau ; Germain Hébert, à genoux devant lui, ayant à ses côtés saint Germain évêque ; à la gauche du Christ, la femme de Germain Hébert, également à genoux, est assistée par un diacre revêtu d'une dalmatique : c'est saint Vincent, premier patron de l'église de Saint-Germain, reconnaissable au cep de vigne gravé derrière lui. Voici cette inscription, attribuée par Guilhermy au XVIe siècle :

Les marguilliers de ceans sont tenuz faire dire et chanter par le cure ou vicaire
De ceste eglise par chacun premier Jour des moys de lan sans empeschement
vigiles a neuf pseaulmes et neuf lecons laudes commendaces et messe
haulte a diacre soubz diacre et choriers [1] pour feu germain hebert dit oudart
Et pour ce faire a donne a ladite eglise douze livres tournoys de
rente pris par chacun an sur sa maison granche estables bergerie et
Jardin le tout clos a murs assis a tillery [2] et sur xv arpens de terre assis
a la butte aux bergiers Item a donne a ladite eglise quatre arpens de terre
assis audit tillery au lieu dit Jally pour estre mis aux priers de ladite eglise
Desquels rente et terre monsieur de St andre en a faict vuider les mains
a ladite eglise par puissance [3] de fief et en est de present detempteur pour

(1) Pour choristes.

(2) Pour Tigery, il y a là une faute du graveur.

(3) De même que l'abbé Guiot, nous avons lu puissance et non pas quittance, comme le dit Guilhermy.

Héliog. Dujardin Imp. Ch. Wittmann

TOMBE DE LOYS TILLET,
décédé en 1516.
et de DENISE PARIS, sa femme.

leſquels rente et terre ledit S[t] andre abaille ſeize · xx · livres tournoys
Dont le cure en a recen qnarente livres a canſe des quatre
arpens de terre deſſns dits Item leſdits margnilliers sont tennz faire dire par
chacun au aux Jours eſcriptz an martnologe[1] qnatre meſſes baſſes
De reqniem ponr fen Jacques hebert dit hondart pere dndit germain
item auſſi ſont tennz leſdits margnilliers faire dire le ſervice dn Jendy
abſoln de relevee et laver les piedz a xiii panvres an nom
des xiii apoſtres et donner a Iceulx panvres a chacnn ung gaſteau
et troys ſolz tournoys et faire dire nne meſſe baſſe le premier Jonr
convenable dapres on devant paſqnes ponr et a lintencion de deniſe
amiot venfve de fen Jacqnes hebert dit ondart et auſſi diſtribner
aux aſſiſtans andit ſervice a chacnn nng petit gaſtean pour ce faire ladite
denise a donne nn septier de ble de rente a ladite eglise pris ſur
nn arpent de terre aſſis a tillery. . . . .
....

Haut. 0^m,86, larg. 0^m,71.

Au-dessous de la fenêtre qui s'ouvre à la hauteur du chœur, est scellée une grande dalle (Pl. IX) sur laquelle sont gravés deux personnages en pied, les mains jointes, le mari et la femme, avec leurs huit enfants agenouillés à leurs pieds. C'est la tombe de Loys Tillet, seigneur de Saint-Germain à la fin du xve siècle et au commencement du siècle suivant, et de Denise Paris, sa femme. Loys Tillet, huissier au Parlement, est représenté vêtu d'une longue robe fourrée; il porte une baguette, insigne de sa charge, sa femme a un gros chapelet attaché à la ceinture.

L'encadrement très orné est formé de deux arcs en plein cintre, avec retombée médiane en pendentif. Au-dessus de chaque arcade et séparées par un large fleuron sont deux demi-rosaces en forme de coquille. L'épitaphe qui entoure la pierre est interrompue, à la hauteur de la ceinture des défunts, par deux écussons, celui de Loys Tillet à gauche, le même écartelé des armes de Denise Paris, à droite (2). Cette dalle funéraire a dû être faite du vivant de la

(1) On doit lire *mortuologe.*

(2) Ces armoiries, presque effacées sur la pierre, ont pu être rétablies grâce à deux manuscrits de la fin du xve siècle, écrits par Loys Tillet lui-même, et en tête desquels ces mêmes armes sont dessinées en couleur. Ces manuscrits, restés dans les archives du château de Saint-Germain-lez-Corbeil, sont aujourd'hui en la possession de M. Paul Darblay. Voici la description de ces armoiries : D'azur à 3 coqs d'or, 2 et 1, crêtés et barbés de gueules, au vol de sinople, issant chacun d'une corbeille d'osier diaprée d'argent (alias d'or).

veuve de Loys Tillet, comme paraît l'indiquer l'absence de la date de sa mort. Voici cette épitaphe :

Cy gist Noble homme loys tillet en son vivant Seigneur du val

coquatrix[1] de genoilly z de la granche a la prevote huissier du
Roy notre sire en sa court de parlement Qui trespassa

le xvie Jour de septembre mil v^{c} z seize : Et

Noble femme denise paris Jadis sa femme Qui trespassa le......
Priez dieu pour eulx :

Haut. 2^{m},30, larg. 1^{m},15.

Sous la chapelle de la Sainte-Vierge se trouve un caveau renfermant trois cercueils en plomb. Le plus grand porte, sur une plaque de cuivre, une inscription que l'on a reproduite sur une plaque de même métal sans s'astreindre à en observer les dimensions ni la forme des lettres grossièrement tracées. Cette plaque a été fixée au mur, on y lit :

Messire Eustache Thibeuf, Seigneur
de St-Germain le vieil Corbet, Val Coquatry
et autres lieux, Con^{er} du Roy en sa cour
de parlement de Paris et grande chambre
d'icelle, décédé le 12 Juillet 1712
agé de 76 ans et 10 mois.

et plus bas, dans l'épaisseur du cadre en chêne :

Texte de l'inscription gravée sur le
plus grand des trois cercueils que
renferme le caveau qui occupe le
sous-sol de la Chapelle de la Ste Vierge.

Vient ensuite une pierre relatant la fondation faite par Catherine du Tillet, fille de Loys dont nous venons de parler. Au-dessous de l'inscription, un dessin d'un réalisme un peu primitif nous montre

(1) Le Val Coquatrix était le domaine seigneurial de Saint-Germain ; il fut réuni à la terre de ce nom à la fin du XVIe siècle. Ce domaine du Val Coquatrix, du nom d'un de ses anciens possesseurs, avait été autrefois terre royale ; on a des letrres et des ordonnances de Charles V datées du Val Coquatrix. Cf. L. Delisle, *Actes et mandements de Charles V*.

la fondatrice couchée dans son cercueil, le corps déjà envahi par les vers. Cette pierre était scellée sur un des piliers de la chapelle de Saint-Pierre, aujourd'hui consacrée à la Sainte-Vierge, c'est ce qui explique la vingtième ligne de cette longue inscription que nous transcrivons :

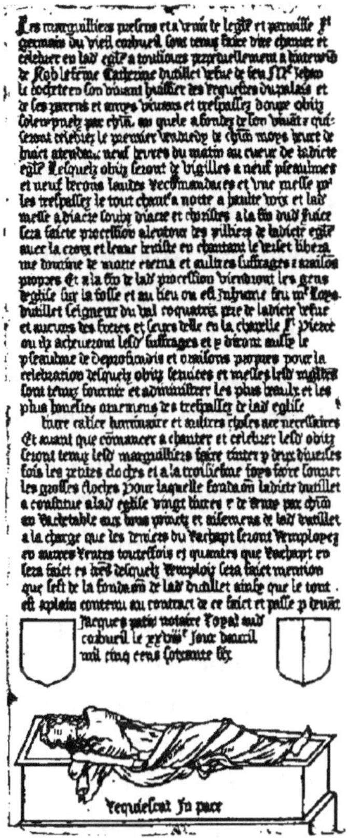

Les marguilliers presens et a venir de leglise et parroisse S^t
germain du vieil corbueil sont tenuz faire dire chanter et
celebrer en ladite eglise a tousiours perpetuellement a lintention
de Noble femme Catherine dutillet[1] vefue de feu Me Jehan
le cochete en son vivant huissier des Requestes du palais et
de ses parens et amys vivans et trespassez douze obitz
solempnelz par chacun an quele a fondez de son vivant z qui

(1) On remarquera qu'entre 1516 et 1566 le nom de Tillet s'était enrichi de la particule.

seront celebrez le premier vendredy de chacun moys heure de huict atendant neuf heures du matin au cueur de ladicte eglise lesquelz obitz seront de vigilles a neuf pseaulmes et neuf lecons laudes Recommandaces et une messe pour les trespassez le tout chant' a notte a haulte voix et ladite messe a diacre soubz diacre et choristes a la fin dudit service sera faicte procession alentour des pilliers de ladicte eglise avec la croix et leaue beniste en chantant le verset libera me domine de morte eterna et aultres suffrages z oraisons propres Et a la fin de ladite procession viendront les gens deglise sur la fosse et au lieu ou est Inhume feu m' Loys dutillet seigneur du val coquatrix pere de ladicte vefue et aucuns des freres et seurs delle en la chapelle S' Pierre ou ilz acheveront lesdits suffrages et y diront aussy le pseaulme de Deprofundis et oraisons propres pour la celebration desquelz obitz services et messes lesdits marguilliers sont tenuz fournir et administrer les plus beaulx et les plus honestes ornemens des trespassez de ladite eglise livre calice luminaire et aultres choses ace necessaires Et avant que commancer a chanter et celebrer lesdits obitz seront tenuz lesdits marguilliers faire tinter par deux diverses fois les petites cloches et a la troisiesme foys faire sonner les grosses cloches Pour laquelle fondation ladicte dutillet a constitue a ladite eglise vingt livres tournoys de Rente par chacun an Rachetable aux bons poinctz et aisemens de ladite dutillet a la charge que les deniers du Rachapt seront Remployez en autres Rentes toutesfois et quantes que Rachapt en sera faict es lettres desquelz Remploy sera faict mention que cest de la fondation de ladite dutillet ainsy que le tout est aplain contenu au contract de ce faict et passe par devant

Jacques patin notaire Royal audit
corbueil le xxviii' Jour davril
mil cinq cens soixante six

Requiescat In pace

Haut. 1^{m},51, larg. 0^{m},615.

Nous avons retrouvé dans le manuscrit de l'abbé Guiot (1) les mots *Noble, Seigneur, Royal*, effacés en 1793, et déjà rétablis dans l'ouvrage de Guilhermy.

La plaque de cuivre fixée à côté, est l'épitaphe de François Bastonneau, tué à la reprise de Corbeil sur les Espagnols en 1590, mention qui donne à cette inscription un certain intérêt pour l'histoire de notre pays.

D. O. M.

Icy gist Francois Bastonneau vivant
escuyer S^{r}. de la Beraudere & Belleuille Cappitaine de gens de pied
soubz le Comandemant de Monsieur
de Givry qui fut tué a lescalade par
les espagnolz a la reprise de Corbeil
sur Iceux par led. Seig^{r},
de Givry le xe Io^{r} de Novem.
bre M. v^{c} iiii^{xx} x *Priez dieu po^{r} sō Ame*

Haut. 0^{m},275, larg. 0^{m},365.

Deux écus découpés dans la partie inférieure de la plaque de cuivre ont dû contenir, en émaux peut-être, les armoiries du défunt. Le tombeau sur lequel se trouvait autrefois cette inscription n'existait déjà plus du temps de l'abbé Lebeuf, qui a trouvé cette plaque clouée au mur du collatéral nord, comme nous l'avons connue jusqu'en ces derniers temps (2).

Dans le collatéral nord, sur la pierre qui avoisine le petit tam-

(1) Bibliothèque de Rouen, fonds Montbret.
(2) *Histoire du diocèse de Paris*, par l'abbé Lebeuf, t. XIII, p. 130.

bour d'entrée, sont inscrits les curés de Saint-Germain dont nous avons pu retrouver les noms dans l'ouvrage de l'abbé Lebeuf et dans celui de l'abbé Guiot. Cette liste comporte, malheureusement, d'importantes lacunes.

CURÉS DE SAINT-GERMAIN-LE-VIEUX-CORBEIL

Nom	Date	Années	
Etienne		1209 —	
Henry de Brie (1)		—	
Nicolas		1293 —	
Johan........ rio		— 1309	
Johannes.....		— 1340	
Jean Desnoyers		1390 —	il était encore curé en 1400.
Eustache du Bellay		—	évêque de Paris (1561).
Michel Aubry		— 1599	
Michel Boucher	14 février	1599 —	
Charles Sénéchal	28 février	1623 — 1653	
Jean Boisneuf		1653 — 1690	11 déc.
Jean Boisneuf		1690 — 1725	
Jacques Martin Bouillerot (2)	15 février	1725 — 1772	2 nov.
Pierre Léonor Mounoury		1773 —	
Vincent Duval (3)	21 mars	1775 — 1791	
Pierre Germain Jozon	28 mai	1791 — 1793	
Charles Antoine Mariette	11 mars	1800 —	
Nicole	16 oct.	1802 —	
Pierre Fçois Jean Geoffroy	11 déc.	1802 —	
Antoine Borel	10 août	1803 —	
Vital Nègre	1er août	1809 — 1812	18 août
Charles Innocent Antoine Gaetan Marie Fabri	1er nov.	1812 —	
Pascal Mercadal		1818 —	
François Julien Gueret	15 nov.	1827 — 1851	10 sept.
Mathurin Ropert	11 sept.	1851	

Mentionnons dans la deuxième travée une dalle finement gravée qui n'a jamais reçu d'épitaphe. Une tête de mort et deux ossements croisés occupent chacun des quatre angles. En haut sont deux

(1) *Annales de la St Hist. et Arch. du Gâtinais*, t. XI, p. 29.

(2) Il existe un portrait gravé de « *Messire Jacques Boüillerot, Docteur de Sorbonne, Curé de Saint-Germain et de Saint-Jacques de Corbeil, 1762. Appelius Pin. Chevillet Sculpsit. 1762* ».

(3) On a aussi un portrait gravé de « *Vincent Duval. Ancien Chanoine de Champeaux, Curé de St-Jâques de Corbeil, puis à St-Jâq.-du-haut-pas à Paris* ».

écussons, supportés par deux lions, et surmontés d'un heaume à lambrequins, posé de face; l'un porte un chevron accompagné de trois aiglettes éployées, l'autre trois roses, avec un chef chargé de trois étoiles.

Les armes de l'écusson de droite paraissent appartenir à un membre de la famille de Bretigneres (1) : l'*Armorial* de Dubuisson (2) et le *Dictionnaire héraldique* de Chevillard (3) donnent les mêmes armes à M. de Bretigneres, seigneur de la Pertuisière, avec cette différence que le chef est chargé d'un soleil, tandis qu'ici il est chargé de trois étoiles.

Dans la travée suivante, une très longue inscription rapporte deux arrêts du Parlement. Le premier, de l'année 1614, règle un différend qu'avait eu, pour la répartition des dîmes, Michel Boucher, curé de Saint-Germain et de Saint-Jacques, avec les marguilliers et paroissiens du Vieux-Corbeil.

Le second arrêt, qui est de 1617, indique les droits et les devoirs du curé Boucher envers ses paroissiens, surtout ceux de Saint-Germain. Ce curé avait élu domicile à Corbeil, au presbytère de Saint-Jacques (4), et comme la montée qui conduisait à Saint-Germain était assez difficile, il en résultait que les habitants de cette commune étaient fort négligés au point de vue des secours religieux et des offices de leur paroisse. L'archevêque de Paris vint même tout exprès pour régler ce différend (5), mais son intervention n'eut pas plus d'effet que l'arrêt du Par-

(1) Eustache Thibeuf, seigneur de Saint-Germain, et Jacques de Bretigneres, son cousin, s'étaient légués leurs biens au dernier vivant; Eustache Thibeuf mourut le premier et Jacques de Bretigneres devint seigneur de Saint-Germain. Ses descendants ont possédé cette terre jusqu'à nos jours. Le dernier des Bretigneres n'avait qu'une fille, mariée au vicomte de la Tourdonnet, à la mort duquel M. Darblay jeune acquit, en 1834, le château de Saint-Germain.

(2) Dubuisson, *Armorial*, t. I, p. 78.

(3) Jaques Chevillard le fils, *Dictionnaire héraldique*, p. 114.

(4) L'emplacement de cet ancien presbytère est occupé aujourd'hui par la pension Castagnié.

(5) Nous en avons retrouvé la preuve dans un texte imprimé daté du 15 décembre 1698 dont un exemplaire se trouve dans la sacristie, et que nous reproduisons ci-après :

Reglement pour la paroisse de Saint Germain le vieux Corbeil.
Du quinze Decembre mil six cens quatre-vingt-dix-huit.

« LOUIS-ANTOINE par la permission Divine & par la grace du Saint Siege Apostolique, Archevêque de Paris, Duc de S. Cloud, Pair de France, Commandeur de l'Ordre du S. Esprit : Vû par Nous l'Arrest du Parlement du deux Avril mil six cens

lement, puisque les successeurs de Michel Boucher continuèrent, jusqu'à la Révolution, de résider à Corbeil.

quatre-vingt-dix-sept, intervenu entre Messire Eustache Thibeuf, Seigneur de S. Germain le vieux Corbeil, Conseiller en la Grand'Chambre dudit Parlement, d'une part : Et les habitans du Fauxbourgs S. Jacques Paroisse dudit S. Germain, d'autre part : Par lequel du consentement dudit Seigneur de S. Germain, les Parties ont été renvoyées pardevant Nous sur leurs differens & contestations, les memoires & pieces mises par devers Nous en execution dudit Arrest, tant par ledit Seigneur de S. Germain, que par les habitans de ladite Paroisse; & après qu'iceux & le Curé de ladite Paroisse ont été entendus sur le fait de l'execution de l'Ordonnance par Nous decernée le vingt-sept Octobre mil six cens quatre-vingt-seize dans le cours de notre visite, sur la Requeste presentée par les Habitans dudit Fauxbourg ; Tout consideré : Nous disons que notre Ordonnance dudit jour 27. Octobre 1696. sera executée selon sa forme & teneur, & interpretant icelle en tant que besoin seroit pour terminer les differens survenus & arrester ceux qui pourroient survenir dans la suite en la Paroisse de S. Germain le vieux Corbeil, Nous avons déclaré & déclarons n'avoir entendu par notredite Ordonnance innover ni préjudicier en aucune chose à l'état de ladite Paroisse, ni aux droits de l'Eglise Paroissiale dudit S. Germain, mais seulement permettre aux Habitans du Fauxbourg S. Jacques de recevoir la Communion Paschale en l'Eglise de S. Jacques située audit Fauxbourg succursale de ladite Eglise Paroissiale de S. Germain; n'entendant les empêcher d'aller faire leurs Pâques & autres devoirs de Paroissiens en ladite Eglise de S. Germain lorsqu'ils en auront la devotion; enjoignons ausdits Habitans de la reconnoître pour leur Eglise Paroissiale ; & en consequence seront tenus suivant les usages de tout tems observés, d'y aller en procession le Dimanche des Rameaux pour y assister à la benediction des Rameaux & à la Messe Paroissiale. Seront pareillement tenus d'y aller en Procession le jour de Pasques pour y assister à la Messe Paroissiale & à l'absoute; de même seront tenus les jours de Pentecôte, de Toussaints, & de Noël, & le vingt-huitiéme jour de May, jour de la Fête de S. Germain Patron de ladite Eglise, d'y aller en Procession pour y assister à la grande Messe. S'y rendront aussi en Procession le jour de S. Marc pour assister avec les autres Habitans de ladite Paroisse à la Procession qui se fait autour du territoire, & ensuite à la grande Messe qui se celebre en ladite l'Eglise de S. Germain. Seront tenus les trois jours des Rogations de se joindre à la Procession de saint Germain; & le jour de l'Ascension d'assister à la Procession audit saint Germain & à la grande Messe qui s'y celebre ensuite ; & le jour de la Fête-Dieu ils attendront avec le Vicaire la Procession de ladite Eglise de saint Germain pour la recevoir; & aprés la premiere station ou reposoir qui s'y fait ordinairement, suivront ladite Procession & assisteront à la grande Messe qui se celebre ensuite en ladite Eglise de saint Germain ; comme aussi à la Procession & à la grande Messe ensuite audit saint Germain le jour de l'Octave de la Fête-Dieu ; & generalement seront tenus d'observer les usages accoûtumés, sans que sous prétexte d'omission d'iceux dans notre presente Ordonnance, ils puissent s'en dispenser; ils ne pourront aussi se dispenser d'aquitter les charges de ladite Eglise Paroissiale de S. Germain avec les autres Habitans d'icelle; et en consequence seront tenus de subir, comme ils ont toûjours fait, les Charges de Marguilliers, lorsqu'ils seront élus à leur tour, & assisteront avec les autres Habitans à la reddition des comptes de la Fabrique dudit saint Germain ; & toutes les autres charges conjointement avec les autres Habitans de ladite Paroisse, comme les Habitans d'une même Paroisse y sont obligés, soit pour réparations de la nef & Presbytere, ou autres charges de ladite Eglise, ainsi que de droit, à l'exception du pain à benir qu'ils ne presenteront que deux fois par an les jours qu'ils en seront requis par les Marguilliers dudit saint Germain,

Ces arrêts du Parlement intéressant également l'église Saint-Jacques, succursale de celle de Saint-Germain, la même inscription avait été scellée dans cette église (1).

Bien qu'ils soient fort longs, nous ne croyons pas sans intérêt de reproduire ces deux arrêts :

Extraict des Arrestz de la Court
de Parlement de Paris du huict^me Io^r. de Mars mil
six cens quatorze entre Me Michel Boucher Prestre Curé des eglise
S^t. Germain et S^t. Iacques & Docteur en la facqulté de theologye en
la serbone de Paris Contre lesd^es egl̃e Marg^rs & parroissiẽs djcelle lesdz
arrestz donné au proffict desd^es Eglises et parroissiens
Nostred Cour par son Iugement & arrest faisant droict sur le tout
sans sarrester ausd fins de nom Recepuoir a mis & mect lesd appella-
tiõs sentẽces & ce dont a esté appellé au neant sans amende en emendãt
a cõdanné & condãne lesd Marguill^rs payer & continuer par chacun
an aud Boucher curé de S^t. Germain de Corbueil quatre muis de grain
les deux thiers fromẽt & mestail & laultre thiers auoyne tel quil sera
perceu desd^es dixmes & vne queue de vin pour le gros quil a droict de
prendre sur les dixmes de lad^e parroisse de S^t. Germain suiuant la
mesure encienne des dixmes de lad^e. egl̃e qui ne pourra estre main-

lequel pain lesdits jours sera rendu par celui qui sera en tour ; & le Sieur Curé sera tenu d'y observer les anciennes fondations & usages ainsi qu'il est accoûtumé & a été reglé & établi par authorité legitime : Au surplus pourront lesdits Habitans du Fauxbourg saint Jacques se servir de ladite Eglise de saint Jacques & du Cimetiere comme ils faisoient auparavant ; & le Sieur Curé ou autre Prêtre de sa part approuvé de Nous, y administrer les Sacremens & faire toutes les fonctions Curialles, sans que les revenus de la Fabrique de ladite Eglise de S. Germain puissent être tenus de contribuer à l'entretien de ladite Eglise de S. Jacques, soit pour réparations, aquit du Service divin, achapt de linges, livres & ornemens ou autres charges ; & les jours que lesdits Habitans du Fauxbourg se rendront en Procession en ladite Eglise de saint Germain, ils y seront conduits par le Vicaire en étolle avec la Croix, sans qu'ils puissent se servir de Banniere distinguée de celle de ladite Paroisse de saint Germain ; & la grande Messe se dira ces jours là en ladite Eglise de saint Jacques à huit heures, afin de pouvoir se trouver sur les dix heures à saint Germain ; & à l'égard des autres jours, la Messe Paroissiale & les Vêpres se diront en ladite Eglise de saint Jacques, autant que l'on pourra, à des heures distinguées de celles ausquelles se fera l'Office audit saint Germain. Donné à Paris le quinziéme jour de Decembre mil six cens quatre-vingt-dix-huit. Signé, LOUIS-ANTOINE, Archevêque de Paris ; *Et plus bas*, Par Monseigneur, CHEVALIER. Et scellé du sceau de Mondit Seigneur l'Archevêque. »

(1) Lorsque l'église Saint-Jacques fut démolie, en 1803, cette pierre vint échouer dans une maison voisine où l'on en fit un appui de fenêtre. Cette maison existe encore rue du 14-Juillet. C'est aujourd'hui l'Asile Audiffred-Bastide. La pierre en question forme l'appui d'une fenêtre du petit pavillon qui est au bout du jardin, sur la Seine.

dre que dung huict. de la mesure ordinaire de nre ville & chastellenye de corbueil le sur plus desd. dixmes demeurans ausd. Marguill. Abbesse de St. Anthoine & Prieur de St. Iehan en lisle & oultre codenné lesdz Marguill. & Consors payer aud Boucher lesd Arrerages a luy deues dud gros pour lannée six cens sept sans aulcune diminution po. la sterilité de lad. année deduction faicte de de ce qui se trouuera auoir esté sur ce payé a la charge que led Boucher et ses sucesseurs Curéz serot tenuz suiuat le tiltre de lanée M. IIIIc. pduict au pces oultre la Messe parrochialle de chacun dimache dire et celebrer par chacune sepmaines trois aues Messes compris en Icelle les grande Messes des festes y escheantes & oultre dire & celebrer les vespres esd festes & dimanches sabmedis & veilles de festes & les matines & heure Canonialles en touttes les festes sollempnelles & encorre en administrer les sacremens de legle & le inhumer ses parroissiens q. nauront aulcuns moyens gratuitemet & sans predre aucune chose sans despes tant de la cause principalle que des causes dappel & de lad Instance.

Aultre arrestz donné de Mesdz s. de la Court entre les partyes le xxre. Ior. de Ianuier Mil six cents dix sept

Nostred. Cour executant larrest donné allencotre dud curé du 8e. Mars M. VIc. XIIII. A en loinct aud curé & ces sucesseurs curez de dire et celebrer le seruice diuin porté par Icelluy aultremet & a faulte de ce fe a pmis & pmect ausd. Marg. de le dire & celebrer led seruice a laduenir aux fraiz & despes dud curé deffandeur por lesqlz recourir se pouruoirot par saisye sur le reuenu teporel de lad cure & a ce fe en Ioinct au subtitud de Nre pcureur general tenir la main sans que led defadeur en puisse estre recherché por le passé & oultre a maitenu & garde Maictyent & garde lesd. Marg. & parroissies en pocession de ne payer aucune chose pour les celebratios des mariages et administration de lextremontio & enterm suyuat lencyen tiltre sauf cy por lesd. Mariages & enterm estoit celebrer aultre messe et seruice extraordinaire & neantmoings a pmis & pmect aud curé daxepter se quil luy sera gratuytement & liberallemet offert par lesd. parroissiens sans quil puisse exiger ne vser de contrainte condempné led Boucher es despen. lesqlz Nostred. Cour à licquidez & moderez a la somme de quarente liures parisis donné le iour & an que dessus Signé par la Chambre Gallard

Ces pns Arrestz ont esté mis & possez en ce lieu par Me. Claude Cartier pour lors Marguillier de ceans en lannée 1618.

Haut. 1m,52, larg. 0m,87.

Nous trouvons à côté le texte de la fondation de Vincent Dupont, que nous citons tel qu'il a pu être rétabli :

D. O. M.

PAR CONTRAT PASSÉ DEVANT DU RUCHANOY (1)
ET SON CONFRERE NO[RES] *ROYAUX* (2) A CORBEIL LE 10[E]
DECEMBRE 1733. LES SIEURS CURÉ ET MARGUILLIERS DE
CETTE ÉGLISE SONT TENUS ET OBLIGÉS DE FAIRE
DIRE ET CELEBRER A PERPETUITTÉE PAR CHACUN AN A
L'INTENTION ET POUR LE REPOS DES AMES DE VINCENT
DUPONT, VIVANT LABOUREUR, DEMEURANT A GRAVOIS,
DANS LETENDUE DE CETTE PARROISSE, ET DE MARIE
HOUDAN SA FEMME, SCAVOIR UN OBIT HAUT LE 15[E] DECEMB[RE] 1733
JOUR DU DECEDS DU DIT DUPONT×, ET UN AUTRE OBIT
HAUT LE 21[E] MARS 1741 JOUR DU DE CEDS DE LA DITE
HOUDAN×, ET ENCORE UNE MESSE BASSE TOUS LES PREMIERS
MARDIS DE CHACUN DES DOUZE MOIS DE L'ANNÉE LES
QUELS OBITS SERONT SONNÉS *AVEC LES QUATRE
CLOCHES* (3) EN LA MANIERE ACCOUSTUMÉE ET LES MESSES
BASSES TINTÉES AVEC LA GROSSE CLOCHE *SEULEMENT* (4)
ET LE TOUT ANNONCÉS AU PROSNE LE DIMANCHE
PRECEDANT, CHACUN DES DITS DEUX OBITS ET MESSES
BASSES; POUR LA FONDATION DES QUELS LES D'. DUPONT
ET HOUDAN SA FEMME ONT CEDDÉ ET TRANSPORTÉ
A LA FABRIQUE DE CETTE EGLISE VINGT CINQ LIVRES
DE RENTE FONCIERE DE BAIL D'HERITAGE ET NON
*RACHEPT*ABLE A PRENDRE SUR DEUX ARPENS DE
*VIGNE M*ENTIONNÉS AU CONTRAT SUSDATTÉ LE
TOUT AINSI QU'IL EST PLUS AU LONG EXPLIQUÉ ET
AUX AUTRES CHARGES CLAUSES ET CONDITIONS

(1) Nous avons retrouvé dans les minutes de l'étude de Me Jozon, qui fut jadis celle de Me Duruchanoy, l'acte de vente et fondation dont cette inscription n'est qu'un extrait.

(2) Mot rétabli.

(3) Ces quatre mots avaient été grattés.

(4) Mot rétabli.

PORTÉES PAR LE DIT CONTRAT DU QUEL CET EXTRAIT
A ÉTÉ TIRÉ ×AGÉ DE 68 ANS. ×AGÉE DE 78 ANS (1).

Requiescant in pace.

Haut. 1m,14, larg. 0m,79.

L'angle gauche inférieur de cette pierre avait été brisé, et, avec lui, avaient disparu les premiers mots des six dernières lignes, plusieurs autres, dans le corps même du texte, avaient été grattés pendant la Révolution: le manuscrit Guiot est encore ici venu heureusement à notre aide en nous permettant de rétablir le texte primitif. Il pourrait, au premier abord, paraître bizarre que l'adverbe *seulement*, qui figure au milieu de cette inscription, n'ait pas trouvé grâce devant le ciseau qui effaçait ailleurs les adjectifs *noble*, *seigneur*, etc. L'explication en est fournie par une délibération du Conseil général de la commune de Saint-Germain-le-Vieux-Corbeil, en date du 11 septembre 1793. Les trois plus petites cloches furent envoyées au district de Corbeil, il ne restait donc que la cloche principale. Quelques semaines plus tard, le 15 octobre 1793, le haut clocher s'écroulait et la grosse cloche était brisée en plusieurs morceaux. Le rapprochement de ces dates nous indique, à peu de jours près, celle du travail de grattage opéré sur la pierre : l'enlèvement des trois plus petites cloches rendait, en effet, le mot *seulement* superflu. Les mots effacés en 1793 ont été regravés et réchampis en rouge, mais la partie du texte de l'angle rompu, mis ci-dessus en italique, a été laissée en noir sur la pierre.

Enfin, pour clore cette liste des richesses épigraphiques de l'église de Saint-Germain, nous donnons ci-dessous l'épitaphe de Nicolas Giroux, le maître-maçon de la rue des Marmousets à Paris, décédé en 1758, dans sa maison de campagne du Vieux-Corbeil, circonstance qui vaudra à sa mémoire des siècles de durée, à la paroisse un monument de plus.

JCY REPOSE LE CORPS DE
NICOLAS GIROUX MAITRE MAÇON
ENTREPRENEUR DE BATIMENTS
DEMEURANT A PARIS RUË DES MARMOUZEST

(1) On avait omis d'indiquer l'âge des défunts; c'est pourquoi mention en a été faite au bas de l'inscription.

Paroisse Sainte Marine (1) En La Cite
Decede En sa Maison De Campagne
Size A Saint Germain Lez Corbeil
Le Neuf Juillet
Mil Sept Cent Cinquante Huit
Age De Cinquante Huit Ans

Priez Dieu pour le Repos de son ame

Haut. 1m,93, larg. 0m,98.

La tombe de Nicolas Giroux est fort bien gravée, les insignes de la profession du défunt, enveloppés d'une draperie, surmontent l'épitaphe, au-dessous deux torches en sautoir sont réunies par un ruban auquel est suspendue une sonnette. Deux cassolettes où brûle de l'encens occupent les angles du haut.

Nous avons malheureusement à regretter la disparition d'un certain nombre de dalles mentionnées dans divers écrits relatifs à l'église de Saint-Germain. Parmi elles : la tombe d'un chevalier décrite par l'abbé Lebeuf qui la considère comme la plus importante de l'église (2), celle de Marie Le Teinturier, dont nous avons

(1) Petite église près de Notre-Dame et derrière Saint-Pierre-aux-Bœufs.

(2) « *La sépulture la plus considérable de cette église est celle d'un chevalier représenté en homme de guerre avec un lion à ses pieds, il a le visage et les mains de marbre incrusté dans la tombe. Son bouclier, qui est sans armoiries, paroît désigner le treizième siècle. Il n'y a rien d'écrit autour de cette tombe, qui se trouve aujourd'hui placée dans le côté septentrional de la nef sous la chaire du prédicateur.* » *Histoire du diocèse de Paris,* par l'abbé Lebeuf, t. XIII, p. 129. Pinard ayant reproduit mot pour mot ce passage de l'*Histoire du Diocèse de Paris,* pouvait faire croire que cette tombe n'avait disparu qu'au milieu du siècle actuel, mais des recherches faites dans les archives municipales de Saint-Germain ont fait voir que l'enlèvement et sans doute la destruction de cet intéressant monument remontaient, comme très probablement celle de la tombe de M. de Bretigneres, à 1793. Voici l'extrait des registres municipaux de Saint-Germain : « Aujourd'huy premier prereal deux^e^ année de la Republique (20 mai 1794)... le citoyen Sallée agent nationale a representé... qu'il existe au cy devant maitre autel, le ci devant tabernacle et quatre tableaux de devotion ainsy qu'un autre tableau a la cy devant chapelle Saint-Pierre qui servoient pour lire, [qui] dans ces moments déplaise à quelques citoyens, de même qu'un espèce de tombeau au dessus duquel est une figure representant un homme guerrier taillé en pierre deposé sous la chaire de la ditte cy devant église... Surquoy l'assemblée ayant délibere a arreste unanimement que le cy devant tabernacle, les quatre tableaux du maitre autel, celuy de la cy devant chapelle Saint-Pierre et le tombeau de dessous la ditte chaire representant une figure d'homme guerrier, seront à l'instant demolis et suprimés du lieu ou ils sont pour qu'il n'y reste aucune trace apparente. ... » Archives municipales du 1er prairial an II.

parlé plus haut, et celle de Jacques de Bretigneres. C'est dans le manuscrit de l'abbé Guiot, qui avait connu cette dernière tombe, que nous avons retrouvé le texte de son épitaphe, le voici :

ICI REPOSE
DANS L'ATTENTE DE LA RÉSURRECTION GLORIEUSE

MESSIRE PIERRE JACQUES DE BRETIGNERES, CHEVALIER CONSEILLER AU PARL. DE PARIS ET DE GRAND CHAMBRE, SEIGNEUR DE CETTE PAROISSE DE ST-GERMAIN DU VIEUX CORBEIL NÉ LE 27 MAI 1697 DÉCÉDÉ LE 24 AVRIL 1772.

LA NOBLESSE ET L'ANCIENNETÉ DE SON ORIGINE EST LE MOINDRE DES AVANTAGES QU'IL RECUT DE LA NATURE. A UN ESPRIT VIF ET PÉNÉTRANT IL JOIGNIT UN CŒUR DROIT ET GÉNÉREUX. IL FUT LIBÉRAL ET COMPATISSANT ENVERS LES PAUVRES, QUI TOUJOURS ET PRINCIPALEMENT DANS CES DERNIERS TEMS DE DISETTE, ONT REÇU DE SA CHARITÉ DES SECOURS PROMTS ET ABONDANS. VRAI, SINCÈRE, ENNEMI DU LUXE, IL VÉCUT SANS FASTE, DANS UN GOUT DE SIMPLICITÉ CONVENABLE AU MAGISTRAT. JUGE INTÈGRE DÉVOUÉ TOUT ENTIER AUX AUGUSTES FONCTIONS DE SA CHARGE, IL EN CONNUT LES DEVOIRS QU'IL REMPLIT AVEC EXACTITUDE. DÉLIVRÉ PAR LES CIRCONSTANCES DE L'EMBARRAS DES AFFAIRES IL S'OCCUPPA UNIQUEMENT DE LA SEULE NÉCESSAIRE. ENFIN CONDUIT PAR UNE MALADIE DE LANGUEUR AU TERME DE SES JOURS, APRÈS AVOIR REÇU LES SACREMENS DE L'EGLISE, IL A FINI UNE VIE ACTIVE ET LABORIEUSE PAR UNE MORT ÉDIFIANTE AVEC LES PLUS VIFS SENTIMENS DE RELIGION ET D'HUMILITÉ.

PRIÉS DIEU POUR LE REPOS DE SON AME.

RESTITUTION FAITE EN 1896 D'APRÈS LE MS. DE L'ABBÉ
GUIOT CONSERVÉ A LA BIBLIOTHQUE DE ROUEN.

Cette inscription, restituée sur pierre de Tonnerre, se voit aujourd'hui dans la chapelle de Saint-Joseph.

Dans la même chapelle, tout près de l'autel, le Conseil de Fabrique a fait sceller une plaque de marbre gris en commémoration des dons et des importants travaux que l'église de Saint-Germain doit à la générosité de la famille Darblay. En voici le texte :

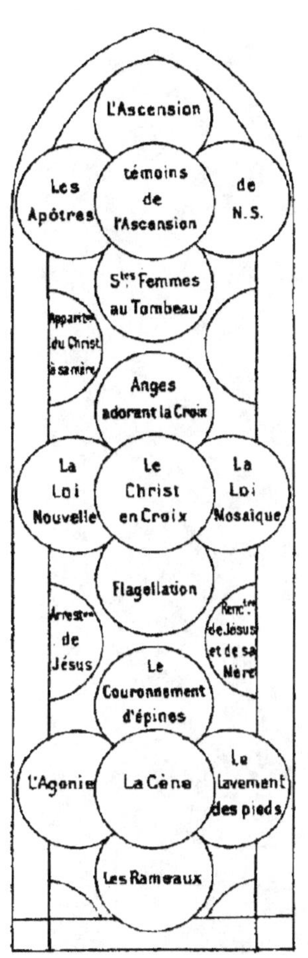

L'Ascension
Les Apôtres
témoins de l'Ascension
de N.S.
Stes Femmes au Tombeau
Apparit.on du Christ à sa mère
Anges adorant la Croix
La Loi Nouvelle
Le Christ en Croix
La Loi Mosaïque
Flagellation
Arrest.on de Jésus
Renc.tre de Jésus et de sa Mère
Le Couronnement d'épines
L'Agonie
La Cène
Le lavement des pieds
Les Rameaux

Héliog Dujardin — Imp. C. [illegible]

GRAND VITRAIL DU SANCTUAIRE

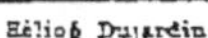

Imp. Ch. Wittmann

VITRAUX DES PETITES BAIES

du Sanctuaire

Pl. XII

Phototyp. Dujardin — Imp. Ch. Wittmann

OCULUS DU SANCTUAIRE

CETTE ÉGLISE DOIT A M. AIMÉ-STANISLAS DARBLAY
LA RECONSTRUCTION DE SA FAÇADE AU-DESSUS DU
PORTAIL AVEC SON CAMPANILE ET SES STATUES (1862)
SON TAMBOUR ET SES ORGUES (1878).

LE CALORIFÈRE, DON DE M. PAUL DARBLAY, A ÉTÉ
ÉTABLI EN 1882.

EN 1888 ET EN 1889 MM. DARBLAY ONT ENRICHI
DE VITRAUX LE COLLATÉRAL SUD.

EN 1895-1896 M. PAUL DARBLAY A FAIT EXÉCUTER
LES TRAVAUX SUIVANTS : RÉFECTION DE LA TOITURE
DES BAS COTÉS, RAVALEMENT DES FAÇADES LATÉRALES,
RECONSTRUCTION DE LA SACRISTIE, RAVALEMENT INTÉRIEUR
DE TOUTE L'ÉGLISE, RÉPARATION DES VERRIÈRES DE L'ABSIDE
CENTRALE, RÉFECTION DES VITRAUX DES ABSIDES LATÉRALES.
DES FENÊTRES HAUTES ET DU COLLATÉRAL NORD,
PEINTURES DES ABSIDES.

LES TROIS AUTELS, LA SAINTE TABLE, LES CLOTURES DU
SANCTUAIRE ET DU CHŒUR, LES STALLES, LA CHAIRE, LA
RESTAURATION DES PIERRES TOMBALES ET DES INSCRIPTIONS
SONT DUS A M. AIMÉ HENRI DARBLAY (1) (1896).

LE CONSEIL DE FABRIQUE DE LA PAROISSE DE SAINT-GERMAIN-
LEZ-CORBEIL A FAIT GRAVER CETTE PIERRE POUR PERPÉTUER LE
SOUVENIR DE L'ŒUVRE GÉNÉREUSE DE LA FAMILLE DARBLAY.

EXTRAIT DE LA DÉLIBÉRATION DU CONSEIL DE FABRIQUE
DU 12 AVRIL 1896.

Parmi les dalles qui formaient une partie du sol de l'église, beaucoup ne portaient aucune trace de gravure ou d'inscription; elles ont été débitées. Ces pierres très dures, d'un grain très fin, ont servi à l'établissement des trois marches qui donnent accès dans le chœur et sur la partie haute des bas-côtés : celles qui entourent le sanctuaire ont la même origine.

L'enlèvement du dallage a amené la découverte d'un grand nombre de sépultures disposées sans aucun ordre dans le chœur et dans le voisinage de l'autel. Les débris nombreux d'ornements sa-

(1) Nous devons ajouter que M. A. Darblay a pris une part très active à l'étude et à la direction des travaux de l'église de Saint-Germain, spécialement de ceux du domaine archéologique.

cerdotaux trouvés dans le sol ne laissent aucun doute sur la nature de la plupart de ces tombes. C'était en effet dans le sanctuaire, ou tout au moins dans le chœur, qu'on déposait les corps des curés de la paroisse ou des ecclésiastiques attachés à son service.

Nous avons également trouvé maints débris de petits vases à une seule anse, en poterie commune non vernissée. Deux étaient

à peu près intacts, ils renfermaient encore des fragments de charbon de bois ; quatre à cinq trous avaient été percés sur leur pourtour. C'était, on le sait, des sortes de brûle-parfums qu'on disposait auprès des corps.

Le désordre de ces tombes indiquait clairement qu'elles avaient été déjà visitées. Tous ces ossements ont été réunis avec un soin pieux dans une caisse en chêne : cette caisse est aujourd'hui scellée dans un massif de maçonnerie, à droite du maître-autel. Le couvercle porte une plaque de cuivre avec la mention suivante :

CETTE BOITE RENFERME DES OSSEMENTS QUI ONT ÉTÉ TROUVÉS DANS LE CHŒUR DE L'ÉGLISE DE SAINT-GERMAIN-LEZ-CORBEIL PENDANT LES TRAVAUX DE RESTAURATION QUI Y FURENT ENTREPRIS PAR LES SOINS ET AUX FRAIS DE MM. PAUL ET AIMÉ DARBLAY AU COURS DE L'ANNÉE 1895.

Nous avons déjà parlé du caveau qui occupe une partie de la chapelle de la Sainte-Vierge. Il était recouvert d'une voûte dont la construction avait nécessité à cet endroit l'exhaussement du sol ; elle a été remplacée par un solide plancher en fer qui protégera pendant longtemps encore la sépulture des anciens seigneurs du Vieux-Corbeil.

Le sol entier de l'église est aujourd'hui recouvert de pierre de

Tonnerre. Dans la partie réservée aux fidèles, il est coupé de passages dessinés par des bordures de marbre; dans le chœur et le sanctuaire, la disposition, quoique simple encore, acquiert un peu plus de richesse. Ce dallage, d'un aspect sobre, s'harmonise fort bien avec le caractère général de l'église dont il complète l'allure monumentale.

Au fond de l'abside centrale s'ouvre une grande baie en ogive accostée de deux autres fenêtres plus petites, et surmontée d'un *oculus*. Nous avons déjà parlé des vitraux qui ornent ces ouvertures : la composition et le fini de leur dessin, l'harmonie de leurs tons, leur état relatif de conservation en font un des types les plus remarquables de l'art du peintre verrier au XIIIe siècle. En examinant ces reliques du temps passé, on éprouve un sentiment d'admiration pour les artistes inconnus, qui, aidés de moyens rudimentaires, ont su donner à leurs œuvres tant de perfection et de durée.

Le vitrail le plus important (Pl. X), celui de la grande fenêtre centrale, comporte trois médaillons composés chacun de cinq parties circulaires, dont l'ensemble forme un quatre-feuilles avec un cercle au milieu. Ces médaillons occupent toute la largeur de la baie, empiétant sur la bordure qui encadre le tout. Quatre demi-cercles, disposés dans la partie libre des champs, complètent cette décoration. L'iconographie de cette verrière retrace les principaux épisodes de l'histoire de N.-S. Jésus-Christ.

Cinq panneaux carrés, un panneau ogival rangés les uns au-dessus des autres, occupent le milieu du vitrail de gauche (Pl. XI); une large bordure à compartiments se développe autour de cet ensemble. Chacun des panneaux, y compris ceux de la bordure, porte un personnage appartenant à la généalogie du Christ, c'est l'arbre de Jessé. Le vitrail de droite (Pl. XI), formé d'une série verticale de petits motifs circulaires encadrée d'une légère bordure à crochets, est relatif à la vie de saint Germain, patron de la paroisse (1).

(1) Pinard, *Mémoire historique et archéologique sur la commune de Saint-Germain-le-Vieux-Corbeil*, a cru que ce vitrail avait trait à la légende du diacre saint Vincent, à cause du mot *Vicentius* lu au bas de l'un des médaillons : mais un examen plus minutieux a permis de reconnaître qu'il représentait des scènes de la vie de saint Germain. La raison d'être du mot *Vicentius* est, sans doute, que ce saint fut enterré dans l'abbaye de Saint-Vincent, aujourd'hui Saint-Germain-des-Prés.

Un petit panneau circulaire, représentant l'agneau pascal, forme le centre de l'*oculus* (Pl. XII); les six médaillons qui l'entourent nous montrent : la décollation de saint Jean-Baptiste, le martyre de sainte Barbe, saint Martin coupant son manteau, le martyre de saint Barthélemy, le couronnement de Charlemagne par le pape saint Léon, et le martyre de saint Laurent.

Les sujets dessinés sur tous ces vitraux s'enlèvent nettement sur les fonds, le peintre a su éviter les effets de confusion, qui résultent souvent, dans ces petits médaillons, de la multiplicité des personnages.

Tous ces verres ont été démontés, soigneusement nettoyés et garnis de plombs neufs. Quelques panneaux disparus ou trop détériorés ont été refaits en totalité, ce sont : les trois panneaux du bas dans la verrière centrale; dans le vitrail de gauche, le panneau inférieur et une partie de la bordure; le panneau supérieur, celui du bas et toute la bordure dans la fenêtre de droite. Enfin des reprises nombreuses ont dû être pratiquées dans les parties conservées.

Les baies du collatéral sud étaient fermées par de riches mosaïques que MM. Darblay avaient données à l'église en 1888 et 1889 (1); il n'y avait pas à les modifier.

Les grisailles de la façade principale, exposées aux vents d'ouest et dépourvues de grillage protecteur, ont nécessité d'importantes réparations.

Dans le collatéral nord, une série de vitraux à médaillons, traités dans l'esprit du XIIIe siècle, remplacent aujourd'hui les vitraux en verre blanc qui s'y trouvaient avant la restauration de l'église. Les médaillons représentent des épisodes concernant les personnages religieux les plus vénérés de la région (2).

(1) Les trois principales fenêtres sont ornées de médaillons où sont représentées des scènes de la vie de saint Pierre, de saint Vincent et de saint Germain. La guérison par saint Pierre d'un paralytique à la porte du Temple, sa délivrance et la remise des clefs de la Ville Éternelle occupent la première fenêtre. Dans la seconde, saint Vincent est fait diacre : il comparaît, accompagné par saint Valère, devant le proconsul d'Espagne qui le met à la torture sur un lit de fer garni de pointes, au milieu d'un brasier, afin de le forcer à sacrifier aux idoles. La troisième fenêtre, consacrée à saint Germain, nous le fait voir abbé du monastère de Saint-Symphorien, à Autun ; puis endormi sur l'herbe verte, où il voit en songe un vieillard qui lui présente les clefs de la ville de Paris; enfin, le troisième médaillon représente la translation de son corps en présence de Pépin le Bref et de Charlemagne enfant.

(2) Voici la description de ces vitraux en partant de l'entrée :

Cette pratique est conforme à la tradition architecturale du moyen âge, dont l'iconographie et la sculpture faisaient de chaque église un livre ouvert de l'histoire de la religion et des légendes religieuses locales.

Les plus anciens documents relatifs aux restaurations partielles de l'église de Saint-Germain remontent aux années 1625 et 1628; ce sont deux marchés passés pour la restauration des vitraux de l'église (1); le premier nous avait été signalé par M. Dufour, le

1er vitrail de saint Jacques le Majeur :

Saint Jacques prêche les Juifs et les convertit; — il baptise Josias; — la sainte Vierge lui apparaît en Espagne; — il a la tête tranchée.

2e vitrail de saint Exupère :

Le pape saint Clément l'envoie prêcher dans les Gaules; — il guérit des possédés; — il rend la vue à un aveugle; — ses reliques sont apportées à Corbeil.

3e vitrail de saint Guenault :

Sur sa prière, saint Guingalois l'emmène dans son monastère; — il chante les psaumes de la pénitence, plongé dans l'eau froide jusqu'aux épaules; — il fait jaillir une source; — les pèlerins vénèrent ses reliques à Corbeil.

4e vitrail de saint Melaine :

Saint Melaine chasse le démon en donnant un soufflet à un possédé; — il ressuscite un mort en lui mettant une croix sur la poitrine; — un bateau chargé de sa dépouille remonte, sans voiles, la rivière.

5e vitrail de saint Léonard :

Clovis tient le futur saint sur la cuve baptismale; — accompagné de plusieurs religieux, saint Léonard demande à Clovis la grâce de prisonniers; — il reçoit les hommages des prisonniers, délivrés à sa prière.

Comme on l'a vu plus haut, *saint Jacques* était le patron de l'église succursale du faubourg du Vieux Corbeil, *saint Exupère* (saint Spire), premier évêque de Bayeux, est celui de la paroisse actuelle de Corbeil, *saint Guenault*, abbé de Landevennec, en Bretagne, était le patron d'une église de Corbeil, désaffectée depuis la Révolution et démolie en 1885, *saint Melaine* a été le plus ancien patron de Saint-Pierre-du-Perray, commune voisine qui n'a plus aujourd'hui d'église et qui fait partie de la paroisse de Saint-Germain, enfin *saint Léonard* était le patron de la chapelle de ce nom, ancienne succursale de l'église du Perray, démolie en 1884, lors des expropriations nécessitées par la construction de la nouvelle route de Saint-Germain-lez-Corbeil.

(1) « Du lundy vingtz ungniesme avril mil six cens vingtz cinq, devant midy.

« Fut présent en sa personne Jehan Hébert, Mre vitrier, demeurant à Corbeil, lequel de sa bonne vollonté, sans contraincte aucune, confesse avoir entrepris de Guillaume Aumont, marchand laboureur, demeurant aux faulxbourgs de Corbeil, marguillier de l'esglise de Saint-Germain-du-Vieil-Corbeil, par l'advis et du consentement et en la présence de Jacques Dauvergne, marchand, demeurant ausdits faulxbourgs, Jacques Moireau, maçon, Jacques Girault, Baptiste Le Père, Denis Lefort, Imbert Pinet, Pierre Ferry, tous habitans et paroissiens de la dite esglise, à ce présens, les ouvrages de vitrerye qui sont, conviennent et sont nécessaire affaire en ladicte esglise de Saint-

savant bibliothécaire de la ville de Corbeil, dont les avis nous ont été précieux pendant le cours des travaux qui nous occupent. Les verrières qui en font l'objet représentaient saint Jean, saint Thomas, saint Paul, saint André, saint Philippe, saint Pierre et saint

Germain qui seront déclarés par cy après par le menu et dont la teneur ensuict.

« Premièrement, aux grand forme du hault des voulte de destacher trois grandz panneaulx qui sont de l'image saint Jehan, icelle nettoyer et replacer et remettre les oranges (*sic*) que conviendra; et en après les remectre en plomb neuf, et remectre des clavettes là où il y en conviendra, et replatrer de mesme que y a tousjours esté, et faire le tout bien et deuement. *Item*, de destacher trois panneaulx à l'image saint Thomas et refaire le tiers de la dicte image, et remectre le plomb que y conviendra, qui sera neufi et remectre des bordeure de verre paincte, et mettre des clavette là où il y en conviendra, et mettre une barre plus que n'y en a eu par le passé, et icelle accommoder bien et deuement. *Item*, de faire et refaire et destacher trois panneaulx à l'image Saint-Paul, et remectre deulx pièce de verre paincte, et mettre des clavette là où il y en conviendra, et replastrer le tout bien et deuement comme il apartient. *Item*, à l'image saint André destacher aussy trois panneaulx qui sont trop cours, iceulx allonger et fère en bon estat, mettre des clavette avecq tout ce que y conviendra. *Item*, du costé mesme destacher trois panneaulx à l'image saint Philippes, iceulx replacer et les nettoyer, fournir et garnir les oranges de vistres que y conviendra, et mettre une barre de fer avecq clavette, et replastrer le tout bien et deuement comme il appartient. *Item*, à l'image saint Pierre destacher trois panneaulx et une barre de fer pour fortiffier le corps de la dicte image, et y mettre clavette tant que y en conviendra, et icelle accommoder bien et deuement. *Item*, au basse forme destacher huict panneaulx et iceulx replacer lorsque seront refaictz, pourquoy fère sera remis des pièces par tout là où il y en conviendra, et la rendre bien cloze, et icelle accommoder bien et deuement. *Item*, aux quatre vistres qui sont à dessus du maistre-autel de la dicte église racommoder icelles sans lever les panneaux, pour quoy mettra tout les oranges que y conviendra, les nettoyer avecq linges ou autres ustancilles propre à ce, les garnir de clavette, et mettre des pièces painctes semblable et rapportante à celle que y sont. *Item*, de lever trois panneaulx à l'image saint Jacques, et iceulx laver et nettoyer et refaire bien et deuement, et iceulx replacer, mettre vergette et clavette se que y en conviendra.

« Touttes lesquelles réparations le dit entrepreneur a promis de faire et refaire bien et deuement ainsy que apartient, au dire d'ouvriers, et mettre touttes les oranges que conviendra aux vitres et panneaulx qui sont à la dite esglise et fournir de tous mathériaulx que y conviendra pour la réfection d'iceulx, faire les faux trous qui se trouverront, pour quoy fère souffriront le dit marguillier et habitans au dit entrepreneur de prendre deulx corde de deux cloches soyt de Saint-Germain ou de Saint-Jacques, bailler les eschelles des dites esglises Saint-Germain et Saint-Jacques comme aussy une corbeilles, lesquelles le dit entrepreneur sera tenu de rapporter et replacer au lieu où il les prendra lorsque les dictes besongnes seront faicte, parfaicte et receue, lesquelles ouvrages et reparacions le dict entrepreneur sera tenu de commencer à y travailler dans ceste sepmaine et iceulx rendre faicte et parfaicte d'huy en six sepmaine.

« Ce marché faict aus dictes charges que le dict entrepreneur promect satisfaire, et outre moyennant le pris et somme de cinquante-quatre livres tournois que le dict marguillier sera tenu de bailler et paier au dit entrepreneur, et sur laquelle somme a esté présentement baillé et payé comptant au dit entrepreneur la somme de vingt-quatre livres tournois, dont quictance, et le surplus de la dicte somme, qui est de trente livres, le dict marguillier sera tenu de icelle paier audit Hébert ou au porteur lorsque les

Jacques. Un fragment important du vitrail de saint Paul subsistait seul en 1895 au milieu des vitraux blancs, qui, dans toutes ces fenêtres, avaient remplacé les anciens panneaux à personnages.

Ce fragment, qui n'a pu être utilisé, est aujourd'hui déposé au musée de Saint-Jean. On a adopté pour ces ouvertures des verres en forme d'écailles de diverses couleurs, régulièrement imbriquées. Chaque baie est encadrée d'une bordure unie alternativement rouge et bleue. Le ton très doux de ces vitraux permet à la lumière de pénétrer en quantité suffisante dans l'édifice. Nous regrettons que la note de M. Dufour nous soit parvenue

dictes besongnes seront faicte, parfaicte et receue... Promettant, obligeant, renonçant, etc.
« Faict et passé en l'hostel et domicille dudict Dauvergne, présen[ce] de Simon Loriot, sergent à verge au Chastelet de Paris, et Jacques Sourdeau, tesmoins.

J. HÉBERT, — GUILLAUME AUMONT, — JACQUES MOYREAU, — PIERRE FERRY, — J. DAUVERGNE, — BAPTISTE LEPÈRE, — IMBERT PINET, — LORIOT, — ...... HARLY, NOTAIRE. »

Archives de Seine-et-Oise. — E. 6883. Pièce numérotée 47.

« Du mardy XIIIIe Novembre mil six cens vingtz huict.
« Fut présent Gabriel Guinault, vitrier, demeurant à Corbeil, lequel confesse avoir

trop tard pour pouvoir, lors de l'établissement des nouvelles verrières, nous mieux conformer aux traditions de l'église de Saint-Germain.

Les fenêtres qui s'ouvrent sur le fond des absides latérales ont reçu des verrières à grands personnages. Ce parti a été adopté pour éviter la monotonie d'une succession non interrompue de mosaïques à petits médaillons. Dans la chapelle de la Sainte-Vierge, au-dessus de l'autel, le peintre verrier a représenté la visitation; dans la chapelle correspondante, dédiée à saint Joseph, une Sainte Famille. Les personnages de ces vitraux, bien groupés et traités avec soin, se détachent sur un fond plein de lumière d'une perspective saisissante. Nous retrouvons en partie, dans l'encadrement de ces tableaux, les motifs et les tons des verrières du sanctuaire. Ces deux fenêtres sortent des ateliers de M. Fournier, de Tours. C'est également à lui que nous devons la patiente et consciencieuse restauration des anciens vitraux, ainsi que les fenêtres du collatéral nord; ici encore, l'artiste s'est maintenu dans le faire et les tons de nos anciens peintres verriers; on ne peut que l'en féliciter.

Un grillage à mailles serrées protège chaque fenêtre à l'exté-

entrepris de Guillaume Carsault, marguillier et proviseur de l'esglise de St-Germain du vieil Corbeil, et habitans de ladicte esglise : c'est assavoir de faire et refaire bien et deuement au dire d'ouvriers, dans le jour de Champdeleur prochain, à ladicte esglise de St-Germain de mectre dix panneaulx de vistre neufve, sçavoir à la vistre d'en bas au dessus du grand coffre huict panneaux, deulx grandz panneaulx neufz à la vistre de dessus la porte, et de refaire la vistre de la chappelle St-Pierre dont ung panneau à moictié neuf, et générallement faire et refaire par ledict entrepreneur toustes les vistres qui sont à ladicte esglise bien et deuement, comme il apartient, à la charge que, sy besoing est de lever quelque gros fer, la levée sera faicte par ledict marguillier et restablie aux despens de ladicte esglise, et pour les verjecte et clavette se il en convient, seront fournye par ledict marguillier et estachée par ledict entrepreneur à ces despens. Ce marché faict moyennant la somme de cinquante six livres tournois à payer : sçavoir la moictyé de ladicte somme présentement payée audict entrepreneur en une demy pistolle d'Espagne et quartz d'escus dont quictance, et l'autre moictyé de ladicte somme, montant vingtz huict livres tournois, sera payée par ledict marguillier à la réception desdicts ouvrages de vistreryes audict entrepreneur ou au porteur. Sera tenu ledict entrepreneur de mettre autant des présentes en pappier ès mains dudict marguillier.

« Ce fut faict et passé en l'estude du dict notaire, présence de Jacques et Rocq Sourdeau, tesmoings. A esté nottiffié l'eedict du sceel.

GUINAULT, — GUILLAUME CARSAULT, — HARLY, notaire. »

Archives de Seine-et-Oise — E. 6883.

Heliog. Dujardin — Imp. Ch. Wittmann

INTÉRIEUR DE L'ÉGLISE

avant la restauration de 1895-96.

Héliog. Dujardin — Imp. Ch. Wittmann

INTÉRIEUR DE L'ÉGLISE EN 1897

Un petit mur, surmonté d'une balustrade en bois, interrompu dans son milieu par un escalier de trois marches, séparait le chœur du reste de l'église. Des bancs vermoulus étaient scellés contre cette murette. Des bancs, également sans caractère et en mauvais état, occupaient l'emplacement actuel des stalles. La chaire, très primitive et nullement en harmonie avec le genre d'architecture de l'église, était accolée à un pilier de la nef. Son établissement avait nécessité la mutilation d'une colonne qui a été rétablie en pierre de taille (Pl. XIII).

Les trois nouveaux autels en pierre blanche et marbres ont été dessinés par M. l'abbé Brisacier qui en a lui-même surveillé l'exécution.

Un espace de trois pieds sépare le maître-autel du mur du fond. On a dû réduire à deux degrés la hauteur du marchepied, pour éviter l'encombrement du sanctuaire, de dimensions assez restreintes. Cet autel est en pierre de Lavoux; des colonnes en marbres de différentes natures en dessinent les principales divisions verticales, les lignes horizontales sont nettement accusées par des moulures saillantes; les détails de sculptures, nombreux et très soignés, sont mis en relief par une judicieuse répartition des fonds. Une gracieuse exposition s'élève au-dessus du tabernacle; quatre colonnes en onyx, en supportent les arcatures et le toit. Un lanterneau terminé par une flèche ajourée, surmontée d'une croix, couronne cet élégant édicule (Pl. XIV) (1).

Les deux autres autels sont accolés au mur de fond des collatéraux. A droite, l'autel de la Vierge, en pierre du Poitou et colonnes de marbre, d'un dessin sobre, d'une grande fermeté de lignes, produit le meilleur effet; à gauche, l'autel de Saint-Joseph, un peu moins important, mérite aussi sa part d'éloges; il est également en pierre et marbre. Ces trois autels, fort bien traités comme moulures, ravalements, sculptures, font honneur à l'artiste consciencieux, M. Champeaux, de Tours, qui a bien su traduire la pensée de l'architecte. La table de communion, en pierre du Poitou et colonnettes de marbre rouge, sort des mêmes ateliers. Elle est formée de deux parties entre lesquelles s'ouvre un passage de $1^{m},40$. Chaque travée comporte trois panneaux largement ouverts, ornés de petites ferronneries, qui adoucissent la sécheresse de la pierre.

(1) Sous le marchepied de l'autel a été placée une petite boîte renfermant quelques menues pièces de monnaie au millésime de 1895.

ESQUISSE DU TABLEAU DE L'ABSIDE DE L'ÉGLISE DE SAINT GERMAIN-LEZ-CORBEIL

Des clôtures en fer forgé, dessinées dans le goût du XIIIe siècle, ferment le chœur du côté des fidèles et séparent le sanctuaire des bas-côtés.

Une chaire isolée, en chêne, ornée de quelques sculptures, un banc d'œuvre et des stalles également en chêne sont venus compléter le mobilier de l'église. Dans la composition de ces objets, formés d'éléments appartenant à l'architecture ogivale, la note archaïque n'a pas été maintenue dans toute sa rigueur; toutefois ils s'harmonisent d'une façon satisfaisante avec la décoration générale de l'édifice.

Pour donner aux autels toute leur valeur, dessiner leurs contours, faire valoir les tons de la pierre, il était indispensable de recouvrir de peintures la partie basse du chevet. Cette décoration, s'élevant jusqu'aux glacis des fenêtres, devait servir d'appui aux verrières et relier entre eux les éléments les plus riches de l'édifice et du mobilier. Plusieurs partis se présentaient : on pouvait figurer au-dessus du stylobate une tapisserie entourée de bordures ou bien un rideau archaïque, avec plis perdus derrière l'autel. Pour les collatéraux, l'espace restreint dont on disposait ne permettait pas de songer à d'autres dispositions. Dans l'abside centrale, au contraire, un parti plus décoratif, plus séduisant, se présentait à l'esprit; il consistait à placer, au-dessus du maître-autel, une peinture magistrale à grands personnages, représentant un sujet eucharistique. Les exemples nombreux de ce genre de décoration sont en général d'un grand effet. En l'adoptant, on se conformait aux traditions de l'église de Saint-Germain, dont l'abside, depuis le XIIIe siècle au moins, a toujours été décorée de peintures représentant des personnages ou des scènes de l'Écriture sainte. Toutefois, une difficulté apparaissait : entre la base des glacis et le retable du maître-autel, on ne disposait que d'une aire de 1m,20 à 1m,50 de hauteur. Cet obstacle avait été surmonté, au commencement du siècle, à l'aide d'un procédé barbare que l'on ne pouvait songer à imiter; l'installation de hautes boiseries, masquant les glacis et une partie des fenêtres, avait permis de loger à cette place trois grands tableaux, dont la valeur était loin de justifier de pareils sacrifices architectoniques. Aux siècles précédents, on s'était contenté de peindre, au-dessous des fenêtres, dans de petits compartiments ménagés à cet effet, des personnages, des portraits, des emblèmes religieux.

L'effet était mesquin ; il fallait se garder d'imiter une solution aussi primitive. On s'est décidé à relever la base des glacis, heureusement très allongés, des trois fenêtres de l'abside, en les terminant à leur naissance par un bandeau saillant qui aura pour effet d'éloigner de la peinture les poussières qui ne manqueront pas de glisser sur les allèges. Cette modification, dont l'effet n'a rien de choquant, a permis de disposer d'une surface de $2^{m},50$ de hauteur, à la rigueur suffisante.

Le choix du sujet a lui-même donné lieu à quelques hésitations; il était limité par la disposition même de l'autel. On ne pouvait placer au centre du tableau le ou les personnages essentiels; ils eussent été masqués par l'exposition qui s'élève au-dessus du tabernacle. La nature même de la scène qu'il fallait représenter devait permettre à l'artiste de se conformer à ces exigences. La Multiplication des Pains, ou le Sermon sur la Montagne, se prêtait particulièrement à cette disposition. Pour ce motif et d'autres encore, ce sujet a réuni tous les suffrages. On ne pouvait faire un choix plus heureux pour la décoration d'une paroisse de la Brie, un de nos greniers d'abondance. L'exécution de cette peinture a été confiée à M. Douillard; c'est dire l'importance qu'attachaient à cette œuvre ceux qui, ayant entrepris la restauration de l'église de Saint-Germain, voulaient terminer dignement ce travail. Nous n'avons pas à faire ici la critique de l'œuvre remarquable de M. Douillard; disons seulement que les tons souples de l'ensemble traité à la manière d'un frottis, que la façon dont le peintre a compris les effets de perspective donnent à ce travail le caractère bien accusé de peinture murale. La même préoccupation se retrouve dans les couleurs sobres du ciel; ici, tout en laissant à son œuvre une allure franchement orientale, M. Douillard a su éviter certains effets de transparence peu compatibles avec la nature du fond. La planche XV reproduit l'esquisse de ce tableau, relevée sur la toile elle-même, avant l'exécution de la peinture; elle nous montre l'heureuse disposition des principaux personnages et des groupes dont se compose la scène. Des précautions spéciales ont été prises pour éloigner les moindres traces d'humidité de l'enduit sur lequel la toile doit être marouflée.

Nous avons déjà parlé des réparations faites, vers 1862, à l'extérieur de l'église. Le côté sud avait été recouvert d'un enduit en

Héliog. Dujardin Imp. Ch. Wittmann

L'ÉGLISE DE S^T GERMAIN-LEZ-CORBEIL

plâtre, sans caractère ; le côté nord n'avait pas été touché. On a dû reprendre le ravalement de ces deux façades. Après la mise à nu du blocage, un enduit en ciment de Fresne a été étendu sur toute la surface décroûtée ; sur le ciment encore frais, ont été pratiqués des joints de 0m,025 d'épaisseur, avec un outil en forme de gorge de poulie. L'effet en est très monumental. Çà et là, des pierres diversement teintées par un lait de ciment, harmonisent le travail avec les façades antérieurement restaurées. Les pierres des contreforts, celles qui entourent les baies, jointoyées à nouveau, sont restées apparentes ; leur appareillage a servi de base à celui des murs (Pl. XVI).

Une partie du collatéral nord était dépourvue de corniche, un éperon manquait dans le voisinage de la nouvelle sacristie, à l'endroit où s'élevait jadis le clocher. Un nouveau contrefort a été érigé, la corniche complétée. Au midi, le long du trottoir de la route, le sol a été garni de dalles dans l'intervalle des éperons. Au pied du chevet, ce travail a été fait en pavés de grès jointoyés au ciment. Un pavage du même genre s'étend entre l'église et l'école des sœurs. Un préau gazonné, entouré d'une murette surmontée d'une grille sépare le chevet des terrains accessibles au public (1).

Il n'est pas utile de s'étendre sur les nombreux détails qui ont dû être repris au cours de cette restauration ; leur énumération serait plus longue qu'intéressante.

Il nous reste, pour terminer, à parler de la belle cérémonie à laquelle a donné lieu, le 16 mai 1896, la consécration du maître-autel par Mgr Goux, évêque de Versailles. Ce jour-là, une foule nombreuse et élégante remplissait l'église de Saint-Germain, spécialement décorée pour la circonstance. De grandes tentures à crépines d'or, drapées à l'antique, avaient été disposées derrière l'autel. Des massifs de verdure complétaient la décoration du sanctuaire. Dans le chœur, un superbe dais en velours et satin

(1) Les deux inscriptions funéraires scellées contre le mur du chevet proviennent de l'ancien cimetière qui s'étendait autrefois derrière l'église. En voici le texte :

D. O. M. Ici repose Monsieur Vital Nègre, chanoine régulier de la Congrégation de France, ex-prieur de Samoi et curé de Saint-Germain-les-Corbeil, décédé le 18 août 1812, âgé de 69 ans. Modèle de Douceur et de Bonté, fut regretté de tous ceux qui le connurent.

Ici repose le corps de dlle Marie-Louise Leclère, décédée à Villededon le 3 8bre 1818, âgée de 78 ans, De profundis, etc.

rehaussé d'or abritait le trône épiscopal. Un groupe d'artistes de talent occupait la tribune. M. Galeotti tenait l'orgue. M. Lopez dirigeait les chœurs. A huit heures et demie, Sa Grandeur faisait son entrée solennelle dans l'église et procédait à la cérémonie de la consécration, suivie d'une messe basse, avec musique et chants. A onze heures, les assistants se retiraient ; ce n'était parmi eux qu'un concert d'admiration pour l'église de Saint-Germain, d'éloges pour ses généreux paroissiens.

L. VOLLANT.

www.ingramcontent.com/pod-product-compliance
Lightning Source LLC
LaVergne TN
LVHW010043230826
846091LV00005B/1850

* 9 7 8 2 0 1 3 4 4 6 0 5 1 *